5G时代电信业法律规制研究

苏丽芳 著

WUHAN UNIVERSITY PRESS
武汉大学出版社

图书在版编目(CIP)数据

5G时代电信业法律规制研究/苏丽芳著.—武汉：武汉大学出版社,2020.10(2022.4 重印)

ISBN 978-7-307-21662-4

Ⅰ.5…　Ⅱ.苏…　Ⅲ.电信—法规—研究—中国　Ⅳ.D922.296.4

中国版本图书馆 CIP 数据核字(2020)第 128541 号

责任编辑:胡　荣　　责任校对:李孟潇　　版式设计:马　佳

出版发行:**武汉大学出版社**　(430072　武昌　珞珈山)

(电子邮箱:cbs22@ whu.edu.cn　网址:www.wdp.com.cn)

印刷:武汉邮科印务有限公司

开本:720×1000　1/16　印张:9.75　字数:175 千字　插页:1

版次:2020 年 10 月第 1 版　　2022 年 4 月第 2 次印刷

ISBN 978-7-307-21662-4　　定价:35.00 元

序　言

信息技术的快速发展推动了生产效率的提升，加速了信息化时代的到来。信息技术渗透到各行各业，加剧了产业间的融合，这在我国电信行业表现得尤为明显。从传统的语音业务到庞大的数据需求，从单一的人与人之间的通信到万物互联，无不驱动着电信行业的变革和发展，即将到来的5G时代是一个万物互联、万物皆媒的时代。5G时代的融合技术带来的产业融合，信息技术引发的社会经济重大变革，给我国电信业的规制带来了前所未有的挑战。5G技术的运用，催生了大数据、云计算、区块链、人工智能等新生事物，颠覆了人类社会结构，使之由“中心化”社会向“去中心化”社会转变。在此转变过程中，国家不断放松管制，出台法律、政策激励电信业的发展，但实践中电信企业间的网络垄断仍有加强之势。在依法治国、法治经济的背景下，如何进一步打破电信业的垄断，促进公平竞争，推动国家经济快速发展，提升国家治理能力，是对电信业法律规制提出的全新要求。

苏丽芳博士是我指导的博士研究生，在攻读博士期间和毕业后一直关注着互联网法律规制问题。在5G技术全商业推广之际，本书以电信业法律规制为研究对象，分析了电信业的市场准入规制、市场运营行为规制和限制竞争行为规制三个方面；分析5G时代我国电信业法律规制的困境；通过比较域外典型国家为促进电信业发展破除垄断维护市场竞争进行的法律制度改革，总结出我国未来电信业法律规制的有益经验借鉴。在此基础上，以建立有序的市场竞争秩序为核心，重塑我国5G时代电信业法律规制框架，并具体对我国电信业的准入规制、市场运营行为规制和限制竞争规制方面分别给出了相应的完善建议，为中国电信业未来法律规制提供了有益的理论补充和发展方向。

本书以5G时代电信全业务经营的全新视角，从我国电信业现阶段法律规制的实际出发，找出阻碍我国电信业市场竞争格局形成的法律制约因素，提出面向5G时代电信业融合规制的法律制度。书中对电信法律规制形成了一些有益观点，比如：对于电信业的市场准入，应按照电信业自身特点，根据电信业务进行国家经营、有限市场准入和完全市场竞争的分类准入制度。再如，建议我国加快《电信法》的立法工作，同时，为满足电信 5G 全业务经营的需求，在电信法的授权基础上，成立独立的监管机构，下设若干专业委员会，实现电信业由分业监管向融合监管的转变。

5G 技术正渗透各行各业，影响着每个人的日常生活。5G 带来的第四次工业革命，中国正经历着。传统与现代的碰撞，正是 5G 时代的显著特征。我相信，读完本书你或许会有一些启发和收获，你或许会发现研究的不足。如果能激发更多学者热情地投入此领域中，将是我更加希望的。

中南财经政法大学教授、博士生导师

湖北经济学院党委副书记：

2020 年 4 月

前　　言

作为现代产业发展的趋势，电信业5G时代已经向我们飞奔而来。电信5G全面商用将会带来革命性的巨大变化。人工智能、大数据、智慧城市的建设促进了电信边缘市场的形成以及产业间多维度的融合。法律在此次电信业巨变浪潮中可以或应该担任怎样的角色，法律该怎样影响科技的发展，理应受到理论界和实践界的关注。我国关于电信业的法律规制研究起步较晚，而且相关电信行业的系统研究很少，尤其是对于电信5G时代的法律问题研究较少。我国现处在重大转型的关键时期，电信业的发展密切关系着人们的日常生活。基于此，本书以我国电信业发展的核心目标“引入竞争，破除垄断”为中心，从市场准入（事前控制）—市场竞争（事中维系）—反垄断（事后弥补）对5G时代电信业的法律规制进行系统、全面、深入的研究，并对我国未来电信业的法律规制体系和规制机构提出一己之见，以期为我国电信法律规制体系提供有益参考。

本书内容可分为三大部分：第一部分，5G时代电信业法律规制的基础理论研究；第二部分，电信业市场化竞争规制现状分析以及国外电信法律规制比较研究；第三部分，面向5G时代电信业法律规制的构造与实现。本书体例具体如下：

绪论，介绍本书的研究背景和研究意义，并提出所要研究的问题。通过对国内外相关文献研究的梳理和分析，提出本书研究的重点，阐述本书研究的基本思路和方法。

第一章，电信业发展进程与规制现状审视。本章回顾我国电信业三十多年的发展过程，发现电信业的发展带来了产业融合。电信业的发展是产业边界趋于模糊甚至消失的一个动态演变过程。5G时代电信业更是凸显了产业间技术的融合、产品的融合、业务的融合，由此引发了法律融合规制的要求。对我国电信业法律进行系统梳理，可以发现我国法律政策促进了电信业的迅速发展，面对5G时代的电信法律规制也提出了更高的要求。

第二章，电信业融合规制理论基础。该章在阐述法律规制的一般理论基础上，分析电信业融合规制的驱动力：第一是信息技术的快速发展；第二是电信企业在网络外部性、规模经济性、范围经济性和自然垄断性的激励下，通过跨产业并购、建立企业战略联盟，追求企业效率最大化；第三是为了适应5G电信市场的变化，国家不断放松对电信业的法律规制，为电信业5G发展提供法律支撑。最后从电信业规制的终级目标——社会公共利益的维护和直接目标——竞争秩序的维持两个层次分析了5G时代电信业融合监管的必要性。

第三章，电信业市场进入壁垒的控制：准入规制分析。该章从电信引入竞争的第一环节即市场准入制度角度进行分析。剖析了由于电信业有限的网络资源对其实施特殊市场准入的必要性和特殊准入规制的界限。发现当前我国电信市场准入规制存在的弊端：（1）立法层次较低缺乏权威性；（2）法律规制相互分割，缺乏连接；（3）三网融合市场准入规制机构重叠，规制能力分散。若解决不好准入问题，5G时代的电信业将无法形成有效的市场竞争格局。

第四章，电信业市场运营行为的监管：标准规制分析。该章从电信市场运营行为规制中的价格规制、电信业的互联互通规制和电信业的普遍服务规制三个方面论述电信业的市场运营行为监管。首先，是电信业的价格规制。主要分析电信业应当进行价格规制的原因、目标。在比较公平报酬率和价格上限规制两种主要模式的基础上，分析我国价格规制制度的主要缺陷：（1）价格规制目标不清；（2）价格规制方法简单；（3）价格规制主体混乱。其次，分析了电信业的互联互通规制。从网络的外部性、所有权的社会性、竞争的公平性和消费的方便性论述了互联互通的理论渊源，概括了互联互通的实现形式和规制原则，分析互联互通资费规制的方式，指出我国互联互通规制的不足：（1）互联互通资费的结算方式缺乏公平性；（2）缺乏互联互通质量规制；（3）拒绝或妨碍互联互通的法律责任缺位。最后，分析电信业的普遍服务规制，论述了普遍服务的目的，简析普遍服务的实现形式和弊端；并论证了在竞争条件下，我国电信业仍沿用传统交叉补贴方式会引发“挑奶皮”现象，扭曲社会分配效率。

第五章，电信业限制竞争行为的救济：竞争规制分析。该章主要围绕电信业限制竞争行为的事后救济——反垄断法规制展开。在论述了电信市场竞争中反垄断法的四大价值目标，即维护市场竞争、推动社会经济民主、保护消费者权益、促进技术创新与进步基础上，通过对电信企业滥用市场支配地位和联合限制竞争行为的法律规制进行分析研究，从两个方面提出我国目前反垄断法在5G时代电信规制面临的挑战：第一，关于电信业反垄断法内容的挑战；第二，关于反垄断规制机构的多元执法弊端以及与电信行业规制机构协调问题。

第六章，电信法律规制的域外比较分析。该章选取了电信发展比较顺利的英国、美国和日本三国电信发展过程中法律制度的演进做了比较分析。英国采取的是 OFCOM 的分权模式，美国采取的是 FCC 的统分结合联邦模式，日本采取的是政府监管模式，其中日本与我国现阶段的电信规制有很大的相似之处，但较我国的改革力度更大。英、美、日三国在电信法律规制上值得我国借鉴的是：第一，具有完备的法律制度；第二，规制机构的非行政化和相对独立性；第三，规制方式从直接规制转向间接规制。

第七章，走向融合的规制体系：5G 时代电信法律规制展望。在前文的理论和实践分析的基础上，借鉴美国、英国、日本三国的电信规制经验，勾勒我国电信法律规制的体系。我国在电信法律规制框架方面，一是构建统一的高位阶的行业法《电信法》，将电信业的市场准入、价格规制、互联互通、普遍服务统一纳入《电信法》的规制范围，并在《电信法》中明确设立一个独立的电信规制机构——国家通信委员会，约束多元执法的问题；二是构建公平、透明的市场准入规制，对电信 5G 业务按类别施行不同的准入标准；三是培育公平有序的市场竞争制度；四是促进行业法与反垄断法的契合，根据电信行业法与反垄断法规制的范围，协调电信行业规制机构与反垄断法规制机构的职能。

本书旨在 5G 技术背景下，通过对现阶段我国电信业的准入壁垒控制、市场运营行为监管、限制竞争行为的救济的系统研究，制定出面向未来 5G 电信全业务经营的法律规制体系，实现电信市场的良性竞争环境，为我国电信改革提供理论参考和实践借鉴。

目　　录

绪　论

一、选题的背景与研究的意义

（一）选题的背景

1. 社会经济、技术背景

互联网技术、光纤技术、数字技术等现代信息技术的飞速发展，为电信5G的发展提供了重要的技术支撑，进一步推进了电信业在语音、图像、视频、数据传输、物联网等多项业务的跨界发展，出现电信业与广播电视业、互联网业等诸多产业的技术基础、业务模式和服务标准趋向统一的形势。随着电信5G技术的全面商用，各产业之间的边界逐渐变得模糊，产业间多维度的融合开始深入。为了促进电信业的发展，世界各国纷纷放松规制，改革电信行业的相关法律，旨在“引入竞争，破除垄断”。在技术进步和法律规制放松的推动下，电信业的法律融合规制已经成为世界各国信息产业发展潮流。

科学技术的进步同样对中国经济的发展产生了巨大影响。我国在积极引进先进技术和管理经验的基础上自主创新，并在信息技术领域取得了显著成就。同世界其他国家一样，我国从最早的1G电信模拟信号，到今天的5G技术，已具备了电信业的全业务运营的技术基础。在电信业全业务运营的趋势下，原本是独立设计运营的电信业已不能独善其身。2006年9月1日，上海电信与上海文广旗下专门负责IPTV业务的文广百视通开始推出IPTV业务，这标志着电信业在网络视频传输业务上开始进入了实际操作层面。2008年，为了提供更加方便快捷的渠道让更多的人能收看北京奥运盛况，电信与广电再次合作推出手机电视业务。当时，手机电视、IPTV作为电信业的新生产品已在国内市场发展壮大。我国广电总局正在组织建设下一代广播电视网NGB（Nest Generation Broadcasting Network），NGB是以“有线电视数字化和移动多媒体广播电视（CMMB）的成果为基础，以自主创新的‘高性能宽带信息网’为核心技术支持构建的适合我国国情的、‘三网融合’的、有线与无线相结合的、全程全网的下一代广播电视网络。NGB的建成将是以电信网与广电网融合为基本特征的下一代国家信息基础设施”。①

电信发展至4G时期，我国政府对电信业规制的进一步放松，推动了电信全业务的运营。当前，电信5G的发展得到了政府主管部门、国内专家学者、市场和企业的认可。由此可以预见，我国电信5G的全面商用将会推动电信业多边市场的繁荣，各行业与电信业的技术融合、业务融合，这一发展形势不仅能促进新的行业诞生，更能推动我国整个信息产业的发展。

2. 法律、政策背景

早在1998年，国内已有业界的学者们开始对电信业未来发展进行讨论分析。问题主要集中在电信业的自然垄断性导致的市场失灵和政府对电信市场法律规制的滞后性无法促进电信市场竞争的形成两个方面。尤其是在电信技术迅猛提升后，带来的电信业全业务经营，这导致了我国传统的分业监管模式已经不能适应电信技术进步引发的产业间融合发展的矛盾。因此，在2000年，《中共中央关于制定国民经济和社会发展第十个五年计划的建议》中明确提出：“扩大利用互联网，促进电信、电视、计算机三网融合。”② 2005年通过的“十一五”规划纲要再度将信息技术写进国家的五年规划中，目标是建设多功能传输的数字电视网、提升宽带通信网、发展宽带用户数量，积极推动电信、广电的网络建设。2006年2月7日，国务院发布《国家中长期科学和技术发展规划纲要（2006—2020年）》（国发〔2005〕44号），提出了我国科学技术发展的总体目标，并将信息业以及现代服务业列入重点发展领域。③ 2009年4月，国务院发布了《电子信息产业调整和振兴规划》，文件指出开发适应新一代移动通信网络特点和移动互联网需求的新业务、新应用，带动系统和终端产品的升级换代，支持新兴服务业发展；建立内容、终端、传输、运营企业相互促进、共赢发展的新体系。④ 2010年我国的“十二五规划”进一步明确提出：“实现电信网、广播电视网、计算机互联网的融合，构建宽带、融合、安全的移动国家信息基础设施。”⑤ 2012年，国务院颁布的《“十二五”国家战略性新兴产业发展规划》提出，“十二五”期间包括云计算和互联网数据中

① 《广电规划10年建成下一代宽带网：速率快百倍》，载通信世界网：http://zhuanti.cww.net.cn/news/html/2008/12/5/20081258205380.htm，2018年12月5日。

② 参见《中共中央关于制定国民经济和社会发展第十个五年计划的建议》。

③ 参见《国家中长期科学和技术发展规划纲要（2006—2020年）》。

④ 参见《电子信息产业调整和振兴规划》。

⑤ 参见《中共中央关于制定国民经济和社会发展第十二个五年计划的建议》。

心在内的新一代信息技术产业销售收入年均增长将达到20%以上。① 2013年，国务院《关于印发“宽带中国”战略及实施方案的通知》明确提出，统筹互联网数据中心建设，利用云计算和绿色节能技术进行升级改造，提高能效和集约化水平。② 2015年，国务院《促进大数据发展行动纲要》提出推动大数据与云计算、物联网、移动互联网等新一代信息技术融合发展，探索大数据与传统产业协同发展的新业态、新模式，促进传统产业转型升级和新兴产业发展，培养新的经济增长点。③ 2016年，国务院公布《“十三五”国家战略性新兴产业发展规划》，提出实施网络强国战略，加快建设“数字中国”，推动物联网、云计算和人工智能等技术向各行业全面融合渗透，构建万物互联、融合创新、智能协同、安全可控的新一代信息技术产业体系。④

我国电信业从2001年的国家“十五”规划到2016年的“十三五”规划，已连续四次进入国家的五年规划，国家对电信业的发展从“十五”规划的“扩大利用”到“十三五”规划的“网络强国”“数字中国”战略，充分表明了电信业作为下一代国家信息基础设施的重要发展地位。

5G时代的电信业打破了电信业与其他各类传统产业的分立状态，互联网、云计算引发各产业在技术、业务、市场各方面发生了融合。进入5G时代，产业间融合加深，对目前我国电信分业规制的法律秩序带来很大挑战。现阶段，我国电信业规制缺少权威的法律，其他法律、法规没有形成完善的法律体系，使得我国法律面临5G时代的产业融合规制的困境。其一是目前我国规制电信业的法律位阶较低且多滞后于现代电信业的发展，大多是以“红头文件”的形式颁布的部门规章。如1999年，国发办〔1999〕82号文件出台，明文规定“电信部门不得进入广播电视市场经营，同样广电部门不得进入电信市场从事电信网络运营”。此文件明确禁止产业间的相互准入，显然有悖于当前我国“数字中国”的战略。2000年国务院出台《中华人民共和国电信条例》，这是我国第一部关于电信业的综合性行政法规。该条例的目标是实行电信业的政企分开，打破垄断，鼓励竞争。虽然此条在2016年经过修订，但修改较小，对新兴的物联网、云计算等业务的监管仍旧是空白，缺乏前瞻性。随后信息产业部针对电信的市场准入、市场竞争等方面颁布了多个相关的办法和规定，如：

① 参见《“十二五”国家战略性新兴产业发展规划》。

② 参见《关于印发“宽带中国”战略及实施方案的通知》。

③ 参见《促进大数据发展行动纲要》。

④ 参见《“十三五”国家战略性新兴产业发展规划》。

2001 年颁布的《互联网骨干网间互联管理暂行规定》，以及 2004 年颁布《互联网骨干网互联结算办法》。2008 年，国家发改委联合六部委发布了《关于鼓励数字电视产业发展若干政策的通知》，此文件再次提到电信业务融合，破除了广电与电信互不准入的壁垒，实现了信息产业结构的转变。① 上述一系列重要法律法规的颁布实施，表明了我国推动电信业全业务运营的决心。但这些立法仍是以传统产业分立为基础的条块分割立法，成为电信业发展的法律障碍，因此应及时修改或废止相关的法律法规，建立适应 5G 时代的电信法律规制体系。

2001 年，我国开始对电信业发展提入五年规划，到今天已有近二十年。虽然我国电信 5G 技术已经于国外电信技术相比肩，但相关的法律制度改革明显落后于国外。我国电信 5G 技术和电信网络市场都已做好准备，但是我国的法律规制明显不足，《电信法》的难产、各部门间的博弈，使得我国电信产业的重大结构调整时期缺乏法律保障。在产业分立基础上建立的法律体系，面对 5G 时期电信全业务运营，产业间多维度融合已经举步维艰。若延续以产业分立模式下多头监管会造成电信业规制机构权利分散、规制效率低下。同时，规制机构也会因为部门自身利益设置种种部门规章，成为未来电信业发展的障碍。

（二）研究的意义

技术进步、媒体融入以及电信业的支撑，5G 时代让各大产业边界日趋模糊。现在我们所熟悉的三次产业分类法最早由澳塔哥大学教授费希尔和英籍澳大利亚经济学家、统计学家克拉克等人在 20 世纪 30—40 年代提出。随着科学技术的进步、经济的发展，原有的产业结构不断升级，产业内部企业的融合越来越紧密，第一、第二、第三产业边界也开始出现融合的现象，这使得我们很难判断某个行业或某个产业在传统产业分类中纵向的位置。

电信业进入 5G 时代，使得各产业在电信网络技术平台支持下，形成了一个相互融通的数字网络，通过这个统一的网络，任意一个产业可以基于电信网络同时提供数据、图像、语音等全程全网的多种服务。这种源于信息技术进步推动的电信网、广播电视网和计算机互联网之间本质趋同、产业边界模糊的现象被理论界称为产业融合。

电信 5G 的全面商用是一个十分引人瞩目的重大经济现象，不仅仅是电信

① 继俊旗：《法治电信》，北京邮电大学出版社 2004 年版，第 52 页。

业，还有在数字技术之上的各个产业，均关系到国家的产业结构升级和国际民生。在信息化的时代，国民经济的良好发展，人民物质文化生活水平的提高，都离不开信息技术产业的发展。因此，国际电信联盟将电信业与其他产业的融合视为是关系国际民生的信息基础设施的重大发展举措。另外，电信业不仅具有较大的沉淀成本，其投入高、回报时间长，还有一定程度的自然属性，从长远来看具有较高的回报率。在这样的产业中，就有可能出现市场失灵的现象。为了保证市场竞争的有效性，必须对其在互联互通、接入价格、普遍服务等领域进行规制。① 电信业成为我国发展最迅速的产业之一，在其发展过程中也看到了电信立法中的不足，这使得电信业发展存在诸多不尽人意的地方。对电信业的法律规制研究也就成为了国内外专家学者关注的焦点。

时处重大转型期的中国，随着国家经济的腾飞，技术的发展，电信5G技术与亿万国人的生活日趋紧密。法学的研究与发展不可否认的一个核心价值取向就是积极回应社会生活中的现实问题，促进社会的良性发展。美国著名法学家伯纳德·施瓦茨在其名著《美国法律史》中就指出："美国法律史是努力按照意识到的这个国家在各个发展时期的需要塑造法律制度和法律理论的历史。"② 在他看来，"一种效力于社会的法律制度比柏拉图的大群捍卫者脱离社会需要的空洞概念更好"。③ 我国著名法学家苏力先生更是颇具洞见地指出："法学不是冥想的事业，是一种社会化的实践。它必须始终关注现实，回答现实生活中普通人关心的问题。在这个意义上，法学是一种非常讲求功利的学问。"④ 因此，作为能创造出新兴产业的电信业是否应受到法律规制？法律与市场的边界该如何划分，即法律在何种程度上进行规制？电信业的规制机构又该如何进行执法？基于以上的种种问题的思考，促发了本书的研究。

本书以5G时代电信业带来的产业融合现象为研究的出发点，运用产业经济学、网络技术等有关知识和国外通信产业改革的成果，对我国电信业目前的法律规制进行专题分析，指出了中国当前电信业的法律规制存在问题以及不足之处，并提出针对5G时代电信业发展的法律规制体系构建、规制机构改革以及相应的立法建议，以期对中国现阶段电信5G全面商用的推进和未来的发展

---

① ［法］让·雅克．拉丰、让·泰勒尔：《电信竞争》，胡汉辉等译，人民邮电出版社2001年版，第260~265页。

② ［美］伯纳德·施瓦茨：《美国法律史》，王军等译，法律出版社2007年版，第1页。

③ 苏力：《制度是如何形成的》，中山大学出版社1999年版，第160页。

④ 苏力：《法治及其本土资源》，中国政法大学出版社1996年版，第7页。

有所裨益。

二、国内外研究的现状及评析

(一) 自然垄断行业的政府规制研究

“规制”一词最早起源于西方国家。对自然垄断业的规制研究美国学者詹姆斯·兰迪斯1938年在他的《行政过程》一书中提出了管制的思想，兰迪斯认为政府缺乏专业知识，难以应付市场的专业知识，因此需要建立具有专业知识的各种行业的管制委员会这一行政分支，以便高效的管理相关行业。① 约翰·迈耶（John R. Meyer）1959年指出将出租车、货车、航空业等作为自然垄断行业实行准入和价格管制缺少理论依据。② 日本著名的经济学家植草益认为激励性管制就是在保持原有管制体系的前提下，通过价格上限管制、特许投标管制、区域性竞争管制等正向诱因，给予受规制行业以竞争压力，促进其提高生产或经营效率，利用自身信息不对称优势和追求利润最大化，主动提高自身效率、降低成本，并由此带来利润的增长。③

我国学者王春晖著的《电信竞争的法律规制》在对电信业的经济与技术特征分析基础上，对中国电信业在破除垄断与引入竞争机制的博弈分析，提出政府对电信业市场竞争的法律规制，包括政府对电信业商业贿赂的规制、电信强制交易的规制、驻地网（最后一公里）接入、三网融合、掠夺性定价的禁止等问题。④ 刘华涛认为激励性管制是管制者实施的通过给予企业一定自主权来实现特定目标的规则。激励性管制理论的最大特点是将激励机制引入管制理论来提高管制效率，使用委托—代理理论对已有的政府管制活动进行解释。⑤ 张磊在《产业融合与互联网管制》一书中分析产业融合对互联网监管的影响，提出放宽市场准入条件促进网络融合，并放松网络监管的观点。⑥ 王俊豪在《论自然垄断产业的有效竞争》中指出电信、电力、铁路运输、煤气和自来水

---

① James Landis, *The Administrative Process*, New Haven: Yale University Press, 1938, pp. 4-64.

② ［美］约翰·R. 迈耶、约瑟·A. 戈曼兹-伊伯尼兹：《走向民营化：交通运输业民营化的国际经验》，曹钟勇译，中国铁道出版社2000年版，第45页。

③ ［日］植草益：《微观经济学》，朱绍文等译，中国发展出版社1992年版。

④ 严运锋：《电信运营商政府监管研究》，西北师范大学硕士论文，2015年。

⑤ 年海石：《我国自然垄断行业定价管制问题研究》，吉林大学博士论文，2015年。

⑥ 张磊：《产业融合与互联网管制》，上海财经大学出版社2001年版，第1页。

供应等产业都属于自然垄断产业，但这并不等于这些产业的所有业务都是具有自然垄断性质的。①

（二）电信业政府规制研究

国外对电信业规制研究相对较早，研究成果也较为丰富。汉克·因特温在《电信管制手册》中从普遍服务、网间互联、价格管制、电信业务许可、竞争政策等五个政府管制机构需要处理的主要问题，分析了世界各具有代表性的国家政府监管措施并进行了归纳。② 托马斯·法罗（Thomas Farrer）1902年首次以规模经济定义了自然垄断。③ 罗伯特·W. 克兰德尔对美国1996年《电信法》颁布实施后对美国本地电信市场竞争的影响做了全面的剖析，认为新的电信法规未能带来有效竞争，竞争变成原有电信企业、广播电视公司之间的争斗，其结果是进入的企业仍然难以生存，资费标准也没有降低，新的业务也没有有效推广。④

我国对电信业的研究是在政府放松电信规制，电信业逐步走向市场化竞争后开始的。王红梅在《电信全球竞争》中理论联系实际，对电信行业进行了分析，指出电信行业的生产经营具有网络外部性、普遍服务性、服务贸易性和自然垄断性。⑤ 周振华教授在《信息化与产业融合》一书中总结了国外产业融合的主要内容及热点问题，通过分析产业融合对现有法律规制提出的挑战，提出了适合产业融合要求的法律规制体系的基本原则。梁丽娟在《信息技术融合对大陆、香港、台湾三地传播政策的影响》一文中探讨了融合对传播政策的影响，包括政府的角色、规制模式和竞争法律等问题。郑加梅在《中国电信价格上限规制失灵研究》中认为，电信业的价格上限规制会导致规制失灵的问题，建议电信价格规制施行中等激励程度的混合价格上限规制。⑥ 吴宗泽在《电信运营商“去电信化”改革中的竞争法问题——以腾讯王卡为例》中以腾讯王卡为例对电信企业的纵向垄断协议进行分析，将纵向协议分为两

---

① 王俊豪：《论自然垄断产业的有效竞争》，载《经济学家》1998年第8期。

② 严运锋：《电信运营商政府监管研究》，西北师范大学硕士论文，2015年。

③ Farrer，T. H，*The State in Its Relation to Trade*，Macmillan，1902.

④ ［美］罗伯特·W. 克兰德尔：《竞争与混沌：1996年电信法出台以来的美国电信业》，周祖木等译，北京邮电大学出版社2006年版。

⑤ 王红梅：《电信全球竞争》，人民邮电出版社2000年版。

⑥ 郑加梅：《中国电信价格上限规制失灵研究》，载《政府管制评论》2017年第2期。

类，一类是原则禁止类，另一类是其他纵向垄断协议类。原则禁止类适用豁免制度，其他类适用违法性认定原则。①

（三）电信业引发的产业融合研究

1977 年，日本的 NEC 公司首次导入了“电脑与通信”的公司口号，预测产业融合时代即将到来。1978 年，美国学者尼古拉·庞特通过对信息技术发展的观察，“用三个相互交叉的圆圈来描述计算机互联网业、传媒业和电信业三大产业之间的技术融合，认为在三个圆圈的交叉处将成为成长最快、产品创新最多的领域，而且预测这三个圆圈将会在 2000 年时几乎完全重合”。② 1994 年，哈佛大学商学院举行了关于产业融合的学术论坛——“冲突的世界：计算机、电信以及消费电子学研讨会”。这是全球范围第一次举行的关于信息产业融合的研讨会，此次会议的召开标志着产业融合的现象开始得到了世界各界人士的密切关注。1997 年，欧洲委员会采纳了马丁·班吉曼和马赛利诺·奥加关于电信业、传媒业、信息技术部门融合的提议，发布了产业融合的“绿皮书”。绿皮书深入分析了融合现象，从“技术与网路平台的融合”“产业联盟”“市场与服务的融合”③ 三个层次对产业融合进行了广义的定义。在绿皮书中，随后阐述了阻碍融合发展的现实与未来的潜在因素，指出其中一些因素是来自于传统的政府规制和法律规制。由于产业融合使得传统的电信业、广播业的产业界限变得模糊，而现有的法律法规都是基于产业边界清晰划分来制定的，这种规制模式将变得越来越不能适应现代产业融合的需要。

（四）研究述评

理论研究的主要目的之一在于解释现象，指导实践。以美国为首的经济发达国家信息高速公路构想实施与数字技术的发展，使得传统的信息产业边界开始出现融合现象，这种产业融合浪潮的高涨引起了全球学者的广泛兴趣和密切关注。我国电信业突破性的发展也不过是近三十年，电信技术的进步带来产业融合新现象。我国电信业改革尚处于初级阶段，距其他发达国家仍有较大距

---

① 吴宗泽：《电信运营商“去电信化”改革中的竞争法问题——以腾讯王卡为例》，载《特区经济》2018 年第 10 期。

② 郑明高：《产业融合：产业经济发展的新趋势》，中国经济出版社 2011 年版，第 7 页。

③ 张春林、王丹丹：《论产业融合视野下媒介融合的“互联网+”思路——基于阿里巴巴布局传媒业的案例分析》，载《重庆工商大学学报（社会科学版）》2017 年第 1 期。

离。虽然电信5G技术在我国的理论界引起了高度重视，也取得了一些卓有成效的探索，但与国外相比我国对电信业的理论研究起步相对较晚，主要是介绍国外的有关概念、理论和方法，结合我国现在电信5G发展需求的法律规制研究成果也十分有限。

三、基本思路及研究方法

研究目标的实现，需要用科学的研究方法进行指导。普列汉诺夫曾将研究方法比喻为法学真理的必备工具，认为没有科学的方法，就不会有科学理论。本书主要通过系统论方法、实证分析法、跨学科分析法、比较分析法等多种方法研究三网融合的法律规制问题。

（一）系统论方法

“人类社会犹如人体，是一个极其复杂的有机系统，其虽由众多的不同层级的子系统所构成，但各子系统之间相互关联，相互影响。”① 因此，任何一个系统都既要讲求自身的和谐，又应注意与其他系统的协调互动。同理，三网融合的法律规制问题不是社会中的孤岛，而是与我国的政治、经济发展、历史传统相关，故对电信业的法律规制研究应置于大的社会体系中，才能求得科学的结论。本书在研究电信业的法律规制时，运用系统论的方法，从经济、政治、社会等方面研究电信业的经济特征、发展机制，提出5G时代电信业的法律规制不是某一方面的改革，而是需要以技术发展、经济制度为基础调整我国电信业的法律规制体系。

（二）实证分析法和规范分析法

实证分析法主要研究“是什么”“怎么做”等问题，通过对历史和现实诸多现象的变化研究得出结论。规范分析法主要研究“应该是什么”的问题，通过相关理论的研究，得出的结论是以一定经济价值观标准为前提。考察我国电信业的发展历史，结合我国电信业的实际情况，研究我国现有的法律规制及改革路径是本书的主旨。本书对目前国外已经完成或正在进行的电信改革和我国电信业的现状以及改革的过程进行了深入的调查研究，这些调查研究资料为本书的现状论述、实证分析以及立法建议打下了坚实基础。

---

① 王湘军：《电信业政府监管研究——行政法视角》，知识产权出版社2009年版，第28页。

（三）跨学科分析法

本书以法学分析为主，借鉴经济学的研究成果，并涉及社会学等相关领域。比如，在分析电信业经济特性时，需要运用范围经济、规模经济、自然垄断与竞争等经济学理论与方法。所以，本书的研究虽然主要立足于经济法视角，但仍需借鉴其他学科的成果与方法，进行跨学科研究。

（四）比较分析法

通过比较研究，能揭示事物的特点、内在规律和发展趋势，因而这是各学科常用的方法。正如斯旺森所指出："没有比较的思维是不可思议的，如果不进行对比，一切科学思想和所有科学研究也都是不可思议的。明显的和含蓄的比较充满了社会科学的著作……任何人都不应该为此感到惊讶。"① 比较分析法是对事物之间、行为之间以及人与人之间进行同一和差异比较，以达到认识事物间存在何种客观联系的目的。本书采用了比较分析法，分析国际上其他国家，尤其是通信业发达的国家对电信业在规制机构、规制法律、规制政策等诸方面作的调整和改革，找到中国电信业的借鉴价值，完善我国电信业的法律规制体系。

① ［美］尼尔·J. 斯梅尔塞：《社会科学的比较方法》，王宏周、张平平译，社会科学文献出版社 1992 年版，第 2 页。

第一章　电信业发展进程与规制现状审视

第一节　我国电信业发展历史演进

在世界通信大潮的冲击下，中国的通信技术从改革开放后跌跌撞撞地起步了。历经三十余年的发展，我国从1G时代的挨打落后、2G时代的蹒跚学步、3G时代的寻求突破发展到随着互联网技术与电信业的融合，4G时代中国电信业与世界比肩同行，中国的固定电话用户、移动用户居世界首位。在即将而来的5G时代，中国电信业将进一步谋求领导者地位。

一、传统电信业单一发展时期

1980年之前，我国电信业的基本是固定电话业务，由于当时还处于计划经济时期，政企不分导致电信业务由政府部门直接垄断公用电信业经营。囿于国家对电话资费实施严格管制，电信业处于基本不盈利甚至亏损状态，电信基础设施及服务短缺成为制约经济增长的瓶颈之一。在1980年后，政府开始实施电信管理体制改革并放松价格管制，采取对邮电业实行中央和地方双重领导、允许邮电部门征收电话初装费等措施。价格管制的放松带来电信业的迅速发展。1979年至1995年，全国邮电通信固定资产投资达2700亿元，其中约1/3来自电话初装费。1993年全国电话主线数迅速达到1733万线。①

到了1994年，国家开始对电信业进行初步管制，成立中国联通公司，电信业形成中国移动与中国联通的双垄断寡头竞争时代，由于独家垄断的打破，电信资费有了大幅降低。但此时电信业的分层市场竞争并没有形成，传统的政企不分、行政垄断情况依然严重，电信业的发展仍然十分缓慢。直至1999年，中央为了推动信息产业的发展，以市场为导向，打破垄断格局，信息产业部推

---

① 《中国电信发展历程》，载百度文库：https：//wenku. baidu. com/view/248c30bc112de2bd960590c69ec3d5bbfc0ada58. html，2018年9月15日。

进电信体制改革，进行了政企分开和电信的拆分重组，初步形成了中国电信、中国移动、中国联通、中国网通、中国铁通、中国卫星通信等七家电信运营公司开展市场竞争的格局。但此时，新进入的市场运营商相较于中国电信、中国移动和中国联通三大巨头，其进入市场时间不长，竞争实力明显较弱，导致电信业的有效竞争仍未形成。

二、互联网时代电信业跨界发展

（一）三网融合的兴起

随着计算机技术的迅猛发展，在全球范围内，信息产业正在成为世界许多国家经济增长的新动力，甚至成为一国的支柱产业。我国紧抓互联网技术带来的契机，将互联网与电信业相结合，提出了三网融合策略。三网融合的发展不仅有利于节约社会的总投资，避免资源浪费，对我国高科技的发展和产业结构的升级也有着重大的现实意义。我国的三网融合开始于20世纪90年代末，发展至今，虽然也取得了一些突破性进展但整体来看还处于起步阶段。现回顾我国关于三网融合的几次政策性的指示。

1998年，时任粤海企业集团经济顾问的王小强博士最先提出了我国三网融合的发展策略。他在《中国电讯产业的发展战略》研究报告中指出，“开放电讯业务市场引入市场化竞争，依托公共信息网，将电信、广播电视和计算机互联网三网结合”。随后学术界展开了激烈讨论，受到社会和国家的高度关注，也加速了中国三网融合的进程。

2001年3月15日全国人大通过的《国民经济和社会发展第十个五年规划纲要》中提出：“促进电信、电视、计算机三网融合。”这也是“三网融合”第一次进入国家的五年计划。

2006年3月第十次全国人大通过的《国民经济和社会发展第十一个五年规划纲要》再度提出“积极推进三网融合”。“十一五”规划纲要在推进三网融合发展方向，对技术和整合基础设施资源方面也作出了明确的要求。

2008年1月1日，国务院办公厅转发发改委、科技部、财政部、信息产业部、税务局、广电总局六部委《关于鼓励数字电视产业发展若干政策的通知》，提出：“以有线电视数字化为切入点，加快推广和普及数字电视广播，加强宽带通信网、数字电视网和下一代互联网等信息基础设施建设，推进‘三网融合’，形成较为完整的数字电视产业链，实现数字电视技术研发、产品制造、传输与接入、用户服务等相关产业的协调发展。”

2008年5月，工信部在《关于深化电信体制改革的通告》指出，“积极推进三网融合，鼓励业务交叉竞争”，“鼓励中国电信收购中国联通CDMA网(包括资产和用户)，中国联通与中国网通合并，中国铁通并入中国移动”。2009年1月，中国移动、中国电信、中国联通分别获得TD-SCD-MA、CDMA2000和WCDMA的3张3G牌照，经过重组后的三家电信运营商进入竞争时代。

2009年5月，国务院批转发改委《关于2009年深化经济体制改革工作的意见》的通知，文件指出：“落实国家相关规定，实现广电和电信企业的双向进入，推动‘三网融合’取得实质性进展。”① 这是我国第一次明确提出广播电视和电信的双向进入。

2009年7月，广电总局发出《广电总局关于印发〈关于加快广播电视有线网络发展的若干意见〉的通知》，指出：“加快广播电视网络发展，对于巩固和拓展党的宣传文化阵地、满足人民群众日益增长的精神文化和信息需求、推动我国广播影视改革和发展、推进三网融合、促进国家信息化建设，具有十分重要的意义。”

2010年1月，国务院总理温家宝主持召开国务院常务会议，此次会议决定：加快推进电信网、广播电视网和互联网三网融合。会议正式通过了三网融合方案，并首次明确了时间表，会议提出了推进三网融合的阶段性目标。同年5月工信部联合广电总局制定了《三网融合试点工作方案》，6月底，国务院正式公布了12个三网融合试点城市名单，三网融合由此进入实质性推进阶段。

（二）电信业融合发展趋势

我国在2001年提出三网融合，并在我国如火如荼地进行了数十年，却没有得到突破性进展，甚至有人认为我国的三网融合并未达到其应有目标。究其根由，是因为多数人将三网融合机械地理解为有线电视网、互联网和电信通讯网三网络融合为一个，全国一个网。而三网融合，学者们对它的理解通常是电信业、计算机互联网业和广播电视业的产业边界趋于模糊化甚至消失，学界对三网融合的定义是：电信网、广播电视网、计算机互联网通过技术改造产品功能趋向一致，使得任一网络都具有可以向用户提供同样的信息服务功能。三网融合的核心是业务层的融合，通过电信网、数字电视网和互

① 郑明高：《产业融合：产业经济发展的新趋势》，中国经济出版社2011年版，第187页。

联网技术配合，具备同时承载多业务的功能。三网资源兼用，实现可利用同一网络提供通话、图像、数据传输等服务的目的，最终实现基于互联网技术的电信业综合服务。

从我国的实践来看，广播电视网在2000年初开始进行企业化改革，意在建立统一的广播电视传输网络。但囿于我国广电网络受国家严格管制，其企业化改革后仍然延续的政企不分模式，缺乏现代企业管理体制，导致其发展缓慢。加之原有的有线电视网络分散，经过双向覆盖后用户虽然超过1亿，但相比三大运营商的十几亿用户，无法形成有效竞争。更为严峻的是，广电网缺乏接入互联网的骨干网国际出口，然而三大运营商的准入门槛高，广电只能向二级、三级路由接入互联网，其网络质量可见一般。在此基础上建立的广播电视网络难以发挥整体价值。特别是进入到4G网络时代后，广电总局向600多家企业颁发了“信息网络视听节目传播许可证”，各地电视台纷纷将节目卖给电信运营商，给广电网络形成了巨大的冲击。此时，呈现出广播电视网主要审核视频内容，电信业向全业务融合发展的局面，三网融合实质上成为电信运营企业的混业经营。

在数字化技术的引领下，社会对信息服务的多元化，个性化需求，推动着我国电信业集电信语音、数据、图像、流媒体、大数据一体的综合业务发展。2013年12月，工信部向三大电信运营商颁发了4G牌照，中国联通、中国移动、中国电信由此获得TD-LTE运营资格，开启了我国的4G时代。随着物联网、云计算的爆炸式增长需求，2019年6月6日，工信部正式向中国电信、中国移动、中国联通、中国广电发放5G商用牌照，中国正式进入5G商用元年。5G商用套餐，已于2019年11月1日正式上线，这预示着5G进入全商业化时期。

第二节 我国电信业法律规制检视

中国电信产业已经有几十年的发展历史，但是电信业翻天覆地的变化却是从20世纪80年代启动电信重组开始的，电信经过五次重组带给中国电信业全新的竞争格局。随着移动数据的需求爆炸式增长，越来越多的设备接入到移动网络中，新的服务和应用层出不穷，电信数字服务的市场需求发生着巨大改变，现有的系统难以满足未来需求，网络融合和业务融合的趋势使得政府对电信网的规制要求进一步提高。《中华人民共和国反垄断法》的颁布与实施、电信企业重组的深入开展以及5G业务进入商用、国际电信网的竞争使得情况变得更加复杂，导致我国电信规制机构、电信规制的政策以及规制的方法和手段都发生了巨大变化，这些外部和内部环境的变化都对电信规制提出了新的要求。

一、我国电信业法律规制现状

（一）规制主体

我国电信业规制主体从计划经济时代到1998年之前，国家鉴于对电信业的公用性特征，对其施行强监管，将电信业的监管纳入邮电部，邮电部对电信进行监管同时也负责运营，形成了“政企合一”的监管模式。随着市场经济的推行和经济体制改革的深入，到1998年政府机构改革，将邮电部和电子部组建为信息产业部，主要职能按照“政企分开、破除垄断、保护竞争、权责一致”的原则，退出电信运营，对电信制造业、通信业和软件业进行监督和指导。但由于当时电信、联通、移动等各大电信运营商还是国有性质，工信部对国有企业负有保值增值的责任，使得此时电信业规制主体处于“政资合一”的情形，直到2003年国资委成立，电信行业实现了政资分离。由于政府的部委过多，管理职能割裂，不利于公共服务型政府的建设，2008年我国开始了大部委体制改革，将国家行政制度的立法权和执法权分立，在“工业化”与“信息化”并举的国家战略下，在十一届全国人大一次会议上，确立了工业和信息化部成为电信业规制的主体，其对电信业的主要监管职责为：拟定实施行业规划、产业政策和标准、指导推进信息化建设、协调维护国家信息安全。工信部下设：通信发展司、无线电管理局（国家无线电办公室）、信息化推进司、信息安全协调司、电信管理局、通信保障局六个部门。

工信部的成立实现了对电信业的“政监合一”。此时电信运营商朝着综合信息服务提供商的方向转型，工信部的成立有利于电信产业的各个环节的繁荣。为建设我国现代化经济体系，推动高质量发展，更好发挥政府作用，2018年进行了国务院机构改革，组建国家广播电视总局。在国家新闻出版广电总局广播电视管理职责的基础上组建国家广播电视总局，作为国务院直属机构。其职能包含负责推进广播电视与新媒体新技术新业态融合发展，监督管理、审查广播电视节目、网络视听节目的内容和质量。在电信全业务综合发展时代，特别是5G技术的成熟解决了高质量视频流问题，广电总局的成立，形成了广电网与电信网的两大规制主体的并驾齐驱。

（二）现有法律、政策梳理

在我国现有法律体系中，有关电信业的规制的基础性法规是 2000 年颁布的《中华人民共和国电信条例》，规定了电信运营商与用户之间的权责和义务，明确了电信服务标准、电信服务质量通告、监督检查制度，建立了电信服务质量的管制制度。① 在《电信条例》的基础框架下，我国对不同区域关于不同类型企业从事电信业务做出了一系列相关法律规定。

在内资企业方面：《电信条例》规定，电信业务分为基础业务和增值业务，并在第 9 条明确规定了电信业务的经营许可证制度。2009 年工信部颁布了《电信业务经营许可管理办法》，其中第 9 条规定："经营许可证分为《基础电信业务经营许可证》和《增值电信业务经营许可证》两类。其中，《增值电信业务经营许可证》分为《跨地区增值电信业务经营许可证》和省、自治区、直辖市范围内的《增值电信业务经营许可证》。《基础电信业务经营许可证》和《跨地区增值电信业务经营许可证》由工业和信息化部审批。省、自治区、直辖市范围内的《增值电信业务经营许可证》由省、自治区、直辖市通信管理局审批。"为推进我国"放管服"政策的要求，深化行政审批制度的改革，进一步完善电信市场的监管，2017 年修改《电信业务经营许可管理办法》，取消了基础电信和跨地区增值电信业务经营许可证备案管理制度。

在外资企业方面，2002 年制定了《外商投资电信企业管理规定》，对外商投资电信业的资本要求、出资比例、申报程序做了严格规定。此后为了实现我国加入 WTO 的承诺，促进我国电信业发展，分别于 2008 年、2016 年进行了两次修订。同时为支持我国电子商务发展，鼓励和引导外资积极参与，2015 年工信部出台《关于放开在线数据处理与交易处理业务（经营类电子商务）外资股比限制的通告》，根据该通告，外商投资电信企业，需以中外合资经营形式设立企业，经营基础电信业务的（无线寻呼业务除外），外资比例不得超过 49%；经营增值电信业务（包括基础电信业务中的无线寻呼业务）的外资电出资比例不得超过 50%，其中，在线数据处理与交易处理业务（经营类电子商务）外资持股比例可至 100%。

① 张杰：《中国规制改革之路：从自然垄断到可竞争市场》，载《科技管理研究》2015 年第 6 期。

二、5G时代电信业规制面临的挑战

5G意味着网络速度更快，流量更大，新的技术使语音文字、图像、视频都带来飞跃式提升。5G的全面商用意味着万物互联的到来，在互联网、传统电信网等信息承载体下，让所有能行使独立功能的普通物体实现互联互通的网络。基于5G网络技术，自动驾驶汽车、无人机、智慧城市的建设，能让居民、政府、商家、医药、安防、出行、工作等各个因素，紧密地联系到一起，人们的衣食住行都将智能化，大众生活出现质的飞跃。

我们在筹划布局5G蓝图之时，5G全面商用带来的一些法律问题也相伴而生，如网络资源分配、企业对市场的垄断、消费者个人隐私保护、公民日常生活被技术操纵等。长期从事信号与信息处理、通信理论与技术的教学科研工作的杨震曾说过“发展一个新兴的事物之前，应该对其配套的法律法规进行完善”。5G时代到来，对我国电信业规制提出了巨大挑战。

在法律供给方面，首先，适用于电信业的专门法律是《中华人民共和国电信条例》，这部是电信业规制的基本框架性法律，但其在法律体系中的地位较低。5G的来临使得电信行业深入到方方面面，电信条例属国务院颁布的行政法规。在全面依法治国背景下，我国大力推动5G全面商用，所涉及的法律问题也纷繁复杂，电信条例作为对电信业规制的基本法显然缺乏法律的权威性。其次，按照电信条例的要求，各部门出台了相应的规章，各规章的出台也仅只规制电信业中某一方面的问题，而且现有的条例、规章多规制的是传统电信业中存在的网络定价、市场准入等问题，无法适应全新的电信市场发展。最后，5G的全面商用使得电信企业深入到各行各业，电信业全业务的开展，所涉及的法律问题也不仅仅是单一的电信企业问题。在5G时代，尤为突出的是电信增值业务，如对于消费者信息的保护、互联网产品供应商、终端供应商的接入。

在规制主体方面，我国电信业由工信部进行监管，对电信业的监管还停留在传统的电信业务。5G技术解决了图像视频问题，这一运用在未来网络视听节目会越来越多，目前网络视听节目内容的审核权属于广电总局，而这两大规制机构从三网融合时期开始就形成了鲜明的两大阵营，相互间的协调性也是今后面临的问题。除了广电总局外，5G的商用还会涉及商务部、国家发改委、市场监督管理总局等部门。虽然我国在2018年进行了国务院机构改革，调整了部分部委的职能，其目的在于减少多头监管职责分散的现象。但是5G的应用势必带来的是电信业的融合发展，尽管国家机构改革适应了这一发展趋势，就目前我国的现状来看，是不可能成立一个综合的监管部门对电信业进行全面监管，还需要各个相关部门进行协调合作，从传统的分立模式走向融合规制模式。但规制的融合势必会关系到各部门的利益之争，如何进行融合，正是目前我国对电信业监管急需解决的一个重大问题。

第二章　电信业融合规制理论基础

互联网技术的广泛运用带动了电信业迅猛发展，市场对电信业务的需求越来越多，为此各国政府纷纷放松对电信业的规制，大力推进电信业全业务发展。在这个放松规制的年代，为何还在研究规制问题呢？电信业具有范围经济、规模经济、自然垄断等特性，企业为了维护既有利益，会运用一切手段限制市场竞争，使市场机制不能实现有效配置。放松规制不等于不规制，对电信业的规制主要是激励性规制，强调规制的激励性与惩罚性并重。放松电信业市场规制，希望能激励更多企业进入到电信市场形成竞争。在市场竞争过程中强化竞争规制、反垄断规制能有效维护社会公共利益。

第一节　法律规制的一般理论

一、法学意义上的规制

（一）规制概念的辨析

“规制”（Regulation 或 Regulation Constraint），意为“规整、制约、使有条理”。规制一词最早运用于经济学中的规制经济学、制度经济学的相关理论中，指政府对经济行为直接的、行政性的管理或制约。简单来讲，规制就是当市场机制不能实现有效的资源配置，即市场失灵的时候，通过规制来改善市场机制存在的缺陷，是校正市场失灵的一种制度安排。

有的学者将 Regulation 译为“管制”，认为“管制”与“规制”并无太大的意义差别，均属于意义表达的语言符号和相应音符的不同形式，不同的译法仅仅反映出不同学科或个人在应用文体方面的不同心理偏好，不是不同经济体制或法律制度固有的识别标签。① 但管制的汉语含义，更容易让人联想到“统

① 余晖：《谁来管制管制者》，广东经济出版社 2004 年版，第 64 页。

治经济和命令经济的形式，规制则更接近英文原有词义，它强调的是通过实施法律和规章制度来约束和规范市场主体行为”,① 因此规制更能精确的表达其含义。

“传统意义上的管制是指有系统地进行管理和节制，并含有规则、法律和命令的基本含义。”② 从法学角度看来，管制的概念既不是法律渊源中的一个技术性术语，也不是一个通用的法学概念。在国外，管制既不局限于某一效力上的法律又不寄生于某一个独立的法律部门。法学上的管制主要侧重于公用事业的费率制定、服务质量及进入限制等方面，因此法学的管制是政府依照法律和规章直接对市场主体的活动实施的管理行为。

自 20 世纪 70 年代以来，“规制” 一词反复出现于西方国家的政府法令和学者著作中。美国学者卡恩认为：“规制是对该种产业结构及其经济绩效的主要方面的直接的政府规定，比如进入控制、价格决定、服务条件及质量的规定，以及在合理条件下服务所有客户时应尽义务的规定，规制的实质是政府命令对竞争的明显替代，作为基本的制度安排，它企图维护良好的经济绩效。”③ 史普博认为：“规制是由行政机构制定并执行的直接干预市场配置机制或间接改变企业和消费者间的供需决策的一般规则或特殊行为；将规制的含义限制为政府对资源配置的直接参与，这个观点是正确的，但并非规制的唯一形式。在某些情况下，与普通法相比，规制也许能为市场交易提供一个成本更低的基础。”④ 日本学者植草益认为：“规制是指在自然垄断产业和存在信息不对称的产业，为了防止资源配置低效率和保证消费者的公平利用，政府部门利用法律权限对企业的进入和退出、价格、服务的数量及质量等加以规制；在以市场机制为基础的经济体制条件下，以矫正、改善市场机制内在的问题（广义为市场失灵）为目的，政府干预和干涉经济主体（特别是企业）

---

① 陈富良：《放松规制与强化规制——论转型经济中的政府规制改革》，上海三联书店 2001 年版，第 2 页。

② 刘大洪：《经济法视野中的法经济学研究》，中国法制出版社 2008 年版，第 246 页。

③ Kahn A. E., *The Economics of Regulation: Principles and Institutions*, New York: Wiley, 1970, p. 3. 转引自陈富良：《放松规制与强化规制——论转型经济中的政府规制改革》，上海三联出版社 2001 年版，第 4 页。

④ ［美］丹尼尔·F·史普博：《管制与市场》，余晖等译，上海三联书店 1999 年版，第 45 页。

活动的行为。"①

日本学者植草益的《微观规制经济学》一书传入我国后，"规制"一词便被学者们广泛使用。目前，我国学者对"规制"已经有了一些探讨，主要集中在经济学和法学领域，而法学的探讨又主要集中在经济法学领域。有学者认为："规制是为了实现公共利益，政府采用法定的行为模式，依据法律规制，对企业或者其他市场主体的经济活动进行干预，并影响其决策与运行的强制性行政行为。"② 规制主体不仅仅是政府部门，"也包括社会公共机构和组织，依据有关的法规，通过许可和认可等手段，对企业的垄断和竞争、进入和退出、价格、服务的数量和质量、投资、财务会计等有关活动及外部性行为施加直接影响的行为"。③ 或者说，"规制是指政府（或规制机构）利用国家强制权依法对微观经济主体进行直接的经济、社会控制或干预，其规范目标是克服市场失灵，实现社会福利的最大化"。④

综上所述，规制通常是由特定的公共机构依据相应的法律或规则，通过许可或认可手段，对市场主体行为进行干预。规制是政府的一种经济行为，其目的是替代或部分替代市场的资源配置，影响市场供求关系，实现资源的优化配置以及增进社会福利，创造一个有利于国民经济发展的客观环境。由此可见，管制和规制是有所区别的，法学角度的"规制"一词改变了过去管制的那种单方限制性，强调激励性规制与惩罚性规制并重，包括了积极的诱导和消极的压抑两方面⑤。规制的特点是通过设定一定的预期利益的手段以鼓励市场主体接受规制；而管制的特点是通过惩罚性法律责任的设定及其实现来强迫市场主体接受规制行为。规制改变了市场主体在接受政府规制时的被动性和对抗性，并使市场主体在政府规制过程中增强了自身的适应性和更多的对等性，使市场规制执法的模式由"政府——强制（规制）——市场主体——被动全盘接受"到"政府——强制加利益诱导（规制）——市场主体——（大多）主动选择地接受"的转变。⑥ 因此，不能将规制狭义地理解为管制，规制与规制主体所

---

① ［日］植草益：《微观规制经济学》，朱绍文等译，中国发展出版社 1992 年版，第 19 页。

② 郭志斌：《论政府激励性管制》，北京大学出版社 2002 年版，第 49 页。

③ 陈富良、万卫红：《企业行为与政府规制》，经济管理出版社 2001 年版，第 5 页。

④ 张红凤：《西方规制经济学的变迁》，经济科学出版社 2005 年版，第 8 页。

⑤ 张守文、于雷：《市场经济与新经济法》，北京大学出版社 1993 年版，第 70 页。

⑥ 刘大洪：《经济法视野中的法经济学研究》，中国法制出版社 2008 年版，第 235 页。

作出的管制是不能画等号的，我们需要从广义上来理解规制。广义的规制具有较大意义、较管制而言更具上位性，它囊括了管制，而管制则是规制的一种具体手段或方式，它与狭义上的规制是一个概念范畴。广义上的规制是指“一定的主体依据一定的规则对构成特定社会的个人和构成特定经济的市场主体的活动进行限制或者鼓励的行为”。①

（二）规制的分类

规制就其本质而言，是在市场经济体制下针对市场失灵的一种特殊回应，是政府用来矫正和改善市场失灵为目的而干预市场主体（主要是企业、公司）经济活动的一种制度设计，其最终目标是为了维护市场竞争秩序、优化资源配置，实现社会公共利益。对规制按照不同的分类标准分为直接规制与间接规制，直接规制又进一步分为经济性规制和社会性规制。可用表 2-1 概括：

表 2-1　**规制的分类**

规制	直接规制	经济性规制	准入规制、价格规制、质量规制、普遍服务等
		社会性规制	环境保护、消费者健康、安全规制等
	间接规制		反垄断、反不正当竞争等

直接性规制，是指规制机构依对市场主体进入许可、市场限价、市场退出等保障资源优化配置和确保服务供给公平。依据直接规制行为性质不同，可以将直接规制分为社会性规制与经济性规制。

社会性规制则主要用于针对外部不经济（负的外部性）、信息偏在（不对称）和与公共物品等问题，主要包括安全规制、消费者健康和环境保护等。外部不经济是指企业或个人因其他企业或个人的经济活动而引起的无法补偿的成本。比如环境污染，自然资源的掠夺性开发、使用，政府必须对市场经济活动主体进行市场准入、设定标准和收费补偿等方面的规制。信息偏在，又称信息不对称，指在交易过程中由于交易双方信息条件不对称，信息优势一方不向信息弱势一方完全公开所拥有的信息，由此造成的成本增加却由信息弱势一方承担，如假冒伪劣商品的制售，规制机构就要进行行业标准、经营活动以及信息披露方面的规制。

① 刘大洪主编：《经济法学》，中国法制出版社 2007 年版，第 381 页。

经济性规制是指政府为了防止社会低效配置，确保服务供给的公平性，依照法律和法规的规定，限制市场中特定主体的经济活动的行为。它主要涉及市场规制的范围如何限定、规制制度如何制定、通过对受规制的市场主体及市场的评估分析并提出完善规制制度的建议等具体问题。经济性规制主要针对存在着自然垄断和信息偏在或不对称等特征的部门和行业（如电力、燃料、交通运输、电信、邮电、石油和金融等自然垄断或行政性垄断行业），以防止自然垄断及信息不对称带来无效率的资源配置的发生，确保市场主体对资源的公平利用，以促进资源的合理高效使用为主要目的。经济性规制的实施方式主要是政府通过许可或认可的行政、立法、暂行条例等手段，对行业的进入和退出条件的确定、产品价格、生产数量、信息披露等方面进行限制和监管的活动。

间接性规制主要指以形成并维持有效的市场竞争秩序为基础，充分地发挥市场机制职能，保障劳动者和消费者安全、卫生、健康，建立完善的制度为目的，政府不直接介入经济主体的经营决策，而是通过专门的竞争规制机构，以反垄断法、反不正当竞争法、消费者权益保护法等相关法律法规为基础和实施依据对经济主体或社会主体的影响市场公平竞争的行为进行规制。

（三）规制的目标

规制的目标是政府规制机构需要通过规制所要达到的目的。在市场经济体制下，规制是为了弥补市场不足，抑制市场竞争中企业的不正当竞争和非效率行为，维护社会公共利益，促进社会福利增加。规制的主要目标是达到市场的有效公平竞争和保护竞争相关者的利益。

市场经济实质上是对稀缺性物资进行分配的一种社会存在模式，其根本就是竞争，不仅是市场主体的竞争，也包括着主体与相关环境的竞争。以追求利益最大化为己任的市场主体势必高度重视性命攸关的竞争，不可避免地会发生违背经济法的精神的不当竞争行为，这些行为破坏了市场机制的运作，因此必须严格防止此种行为。有效公平动态竞争是竞争的良性状态，是市场合理、有效配置资源的方式和手段，理应成为政府规制市场主体竞争行为的基本原则。

有效竞争是经济学家克拉克针对完全竞争概念的非现实性提出来的，也称为可行竞争或不完全竞争，有效竞争就是要求既有利于竞争活力的维护又有利于规模经济发挥市场竞争格局。之后，该理论在诸多学者的研究中不断完善。索斯尼克对有效竞争的判断包括市场效果标准、市场结构标准、市场行为标准、绩效标准，并根据这些标准来评定一个市场是否存在持续竞争的信号。在西方，有的国家认为竞争规制应是完善的全面的竞争，我国的学者普遍认为我国的市场竞争应是有效竞争，是实现社会经济利益和公共利益的长效激励机制。目前，有效竞争已成为多数国家主导性的竞争政策的指针，也体现在竞争法中。

公平竞争亦称正当竞争，是指在市场交易中，遵循自愿、平等、公平、诚实信用的原则及公认的商业道德而采取的争夺市场份额的经济活动。公平竞争的观念是社会道德的观念、社会正义的观念，是社会商业道德规范，也是从事交易和竞争的准则。经营者自由参与市场交易活动、自由选择交易伙伴与交易方式是公平竞争的前提条件。竞争是商品经济和市场经济发展的原动力，但是，恶意市场竞争会导致市场失灵的出现，恶意、过度竞争必然扭曲竞争。因此，公平竞争首先要求的是公开竞争，即竞争者需要公开地用正当手段在市场中竞争；其次是平等竞争，即在市场竞争中市场竞争主体的法律地位一律平等，具有相同的权利承担同等的义务，同时，还要给予竞争主体机会均等，即同样的情况同样对待，不同的情况不同对待，为每个市场主体提供平等的交易机会；最后是有序竞争，秩序是市场竞争活动的必要前提和基础。

竞争是市场主体动态的、多方位的争取市场利益的行为。把竞争归结动态的过程基本上是基于下述逻辑：创建企业之目的是为了获利，而生存则是企业获利的前提。通过竞争争取更大的市场份额，实现规模经济，继而试图垄断的过程，可以说是市场主体的本能。竞争表现形式的多样性和地域的不确定性决定了“可竞争理论模式”“对垄断状态和企业合并持更加宽容的态度……同时，又体现了对‘市场失效’问题的慎重态度，在违法处理上采取‘行为主义为主，结构主义为辅’的方针”。① 因此，动态的竞争观基于我国的产业规模的现状，有利于我国产业结构升级。

保护竞争相关者利益。竞争是和市场紧密联系在一起的，市场是竞争行为发生的场所，市场份额的大小又是竞争结果的评判标准。市场经济是自由竞争的经济，“竞争是商品经济发展的必然产物，反过来又成为推动商品经济进一步发展的动力”。② 市场竞争是以市场主体法律地位平等为前提的，只有自由竞争秩序得以维持，才会使市场主体竞争保持高效率，各种市场资源得到优化

---

① 盛杰民、袁祝杰：《动态竞争观与我国竞争立法的路向》，载《中国法学》2002年第2期。

② 张德霖：《竞争与反不正当竞争——反不正当竞争法理论实践与国外法律规范》，人民日报出版社1994年版，第4页。

配置，市场经济也才能健康有序运行。但是，绝对的自由竞争容易导致垄断，这对于市场经济来说也是非常有害的。为了能在完全的自由竞争环境中脱颖而出，保持更加强劲的竞争优势，在市场中占有优势地位的市场主体就会滥用自己的权利而限制其他竞争者，最终损害的将会是相关竞争者的利益、消费者的利益甚至是国家的利益。市场主体需要在有序的市场竞争环境下争夺市场份额这块蛋糕，强势竞争者的权利滥用会损害市场的有序竞争，侵害了其他竞争者的应得利益，必然导致市场资源的低效，这就急需法律规制法市场利益加以规制。

二、市场竞争与法律规制

在市场经济发展的历程中，“即使是彻底的经济自由主义，也带有经济干预的因素”。① 由于市场存在自身难以克服的缺陷——市场失灵，客观上就需要对市场加以规制。在实践中，为了促进市场公平有效的竞争和保护相关竞争者的利益，法律对市场的干预也不应缺位。

（一）市场竞争需要放松规制与强化规制并存

放松规制的兴起，与对国家干预的功效和政府失灵有必然联系，但常被人误以为国家干预难以维系，应让位于市场之手。而与此同时，强化规制（或者说再规制）继续大行其道。其实，放松规制与强化规制并不冲突，关键在于两种“规制”的外延并不一样。对此，学者已有认识：“放松规制的推行，并不是以特定产业为对象的‘全面的放松规制（撤销规制）’，而只是‘部分放松’。”② 具体而言，放松规制主要以直接规制中的经济性规制为对象，并不包括间接规制和直接规制中的社会性规制。从深层次分析，过多的经济性规制导致了政府失灵，从而引起了全球范围内的“放松规制”运动——准确地说，应为放松经济性规制。传统观念认为，规制与竞争为对立之物，规制即意味竞争被全部抹杀，而竞争则必须先结束规制。但基于上文对规制含义的澄清和理解，放松规制意味着规制与竞争从对立走向融合。

经济性规制的放松必然让出了更多间接规制的空间。许多原本不归属于竞争法规制的行业也开始接受竞争法的规制，外在表现为反垄断法的适用范围不

① 张千帆：《宪法、政治与经济发展》，北京大学出版社 2004 年版，第 91 页。

② ［日］植草益：《微观规制经济学》，朱绍文等译，中国发展出版社 1992 年版，第 69 页。

断扩展。同时，基于对安全和环境保护的考虑，社会性规制也不断强化。因此，所谓放松规制，就是直接规制中的经济性规制；所谓强化规制，并非强化所有规制行为，主要强化直接规制中的社会性规制和间接规制。

（二）市场失灵需要规制

一般认为，市场失灵源于公共物品、外部性、不完全竞争和收入分配不公平，规制是对市场失灵的反映。

1. 公共物品

公共物品具有供应的相连性和排他的不可能性的特征。供应的相联性，即“一个人对该物品的消费不会减少任何其他人对该物品的消费份额”。① 排他的不可能性，即任何人都可以消费，同时任何人都不可以也不可能阻止其他人消费它。对于社会和消费者来说，公共物品的供给是必需的。但是就消费者而言，只要有其他人提供这类物品，自己就可以坐享其成，因而极易滋生“搭便车”的心理。正是因为“搭便车”的可能性，作为理性生产者的私人厂商自然不愿意提供这种免费商品。所以在公共物品领域，市场选择机制不适用于公共物品的生产和消费选择，公共物品领域需要加以规制。

2. 外部性

外部性就是指社会成员（包括组织和个人）从事经济活动时，其成本与后果不完全由该行为人承担，也即行为举动与行为后果的不一致性。外部性的存在使得私人成本与社会成本、私人收益与社会收益相偏离，造成资源的扭曲，导致生产过度或生产不足、消费过度或消费不足。这一问题无法依靠市场机制得到解决，需要政府的干预。

3. 不完全竞争

传统的经济学理论把完全竞争模型作为理想模型，因为在这种模型下才能实现帕累托最优。要实现这一理想状态需要满足四个条件：一是产品无差别；二是存在大量独立行动的厂商；三是全部资源具有完全的流动性；四是消费者、厂商或资源所有者拥有完全的信息。市场经济的实践证明，满足此四个条件的完全竞争的市场体制是不存在的。最常见的不完全竞争现象是垄断，在存在垄断的情况下，价格和产量不由市场决定，而是由处于垄断地位的厂商决定，造成价格扭曲和产量扭曲，使得资源配置无法实现“帕累托最优”。

① Russell Hardin, *Collective Action*, *The Johns Hopkins*, University Press, 1982, pp. 17-18.

4. 收入分配不公平

市场天生是不平等的，放任的市场机制会导致收入差距悬殊和社会不平等。因为市场机制承认人们的所有差别，包括生理素质、选择运气、工作能力、社会地位、财富拥有量等。市场会将所有这些差别转化为收入的差别，而这种不平等的结果具有累加性，随着社会总财富不断增长，富裕与贫困之间的差距也将随之扩大。“贫富差距的不断扩大是非常危险的，因为一个不能为失败者提供希望和援助的体系，很容易被绝望的行为所破坏。”① 因此，需要对竞争结果予以再调整，对社会财富予以再分配，防止出现过度的收入分配不公而导致社会不稳定。②

第二节　电信业融合规制的驱动力

电信业融合发展是现代信息产业革命的一次重要跨越，5G 网络全面进入商用是信息技术发展的产物，作为新兴产业它标志着一国产业结构的高度化。当前，5G 网络在全球的发展势不可挡，我国也启动了对“新基建”的投资，加快 5G 基础建设成为“新基建”的重要投资领域。我国将借助这次基础建设提升我国电信业的国际竞争力，优化信息产业链。综观世界各国电信业发展进程，推动电信业发展的因素来自技术、政府、企业、市场等多方面，归结起来主要有三个方面：技术的变革、企业对经济效益最大化的追求和政府规制的放松。技术的提升是电信业的基础，经济效益的追求是电信业的经济支柱，法律规制的放松是电信业的坚实保障。

一、信息技术的快速发展

信息技术的进步对电信业发展起着决定性的作用。近几年来，信息产业迅猛发展，技术的进步已经成为电信业进入 5G 时代的助推器，我国的电信业以技术融合为起点，从技术的融合到业务融合，再到市场融合，最后达到 5G 的进入各行各业实现全面商用。技术创新突破被认为是电信业发展的“第三只手”，引领市场的转变，同时制约着政府规制市场的方式和内容。在电信业推进中，先进技术起着核心的驱动作用。

---

① 卫志明：《政府干预的理论与政策选择》，北京大学出版社 2006 年版，第 131 页。

② 张千帆：《宪政、法治与经济发展》，北京大学出版社 2004 年版，第 91~98 页。

（一）数字化技术

数字技术的应用将电话、图像和信息数据统一编码为“0”或“1”的比特流，所有的业务都可以通过宽带网络进行传输和交换。这样就消除了网络间的技术壁垒，形成电信网、广播电视网和计算机互联网的统一语言。从而使得电信网、广播电视网和计算机互联网成为中性渠道，各种用户所需的特性、功能和服务都可以通过这一技术平台实现。目前，数字技术已经在电信网和计算机网中得到全面应用，电信网与计算机互联网之间通过调制解调器（Modem），将电信网的模拟信号转换为数字信号来传输数字信息，广播电视网的数字技术应用也开始发展，广播电视网通过 Cable Modem 可实现数据传输功能。

（二）光纤通信技术

光纤通信技术是电信 5G 网络的保障。5G 时代最终将会通过一个网络实现为用户提供全网全程的多种业务，若要提供全网全程的业务就必须具有能够支持音频、视频等多样化业务传递的网络平台。在最初的时期，调制解调器拨号的传输速率为 56Kbps，后来发展为综合数字服务网络 ISDN，传输速率上升为 128Kbps，实现了电信网和计算机网的初步融合。但由于音频和视频对服务质量要求较高，在传输时一般都需要非常大的带宽，并且，考虑到网上等待时间的经济因素，成本也不宜太高。这样，大容量光纤通信技术突破了传输障碍，数字环路技术（XDSL），在普通电话线上实现高速率数据传输，其上行速率可达到 864Kbps，下行速率可达到 8.032Mbps，达到了传输音频、视频的要求。

（三）IP 协议

IP 协议是电信业的技术核心，经过数字化处理后的语音、数据、图像还不能直接承载在信息网络终端（电视、计算机或电话）之上，还需要在所传输的信息与终端之间搭起一座桥梁，这个桥梁就是 IP 协议。IP 协议是计算机网赖以存在的基础，世界上采取 IP 协议的计算机都可以加入互联网，相互通信。IP 技术的产生，能够使多种业务数据、多种软硬件环境在 IP 协议系统的帮助下进行集成、综合、统一。目前，互联网经历了从 IP over Everything 到 Everything over IP① 的过

① IP over Everything：IP 可以应用到任何网络之上，这个现阶段已经实现，如局域网、宽带网络、3G 等，无一例外地都是研究如何更好地支持 IP。Everything over IP：任何应用都可以由 IP 来承载。未来的网络由 IP 一统天下，即 IP 为王。未来的通信网络以数据信息业务为中心，普遍使用互联网规约 IP，那么网上的信息业务便一律使用 IP，也就是 Everything over IP。

程，由此，我们能够想象，基于IP协议的标准，用户可以借助电话线、广播电视电缆或者宽带网线中任何一条完成上网、打电话和看电视的需求，从而打破了传统的电视、电话、电脑相互隔离的局面。

二、经济效益最大化追求

（一）电信业经济特性分析

电信业进入5G时代，对电信业的融合规制更是急需市场的有序竞争。对于行业的规制一般会受到一国政治体制和技术经济特性两大因素的制约；对于不同行业的规制手段基于其技术经济特性也会不同，电信业具有明显的网络外部性、规模经济性、范围经济性和自然垄断性。

1. 网络外部性

网络外部性是指“当一种产品对一个用户的价值随着采用相同产品或可兼容性产品的用户增加而增加时，就会出现消费的规模经济，也就是网络的外部性，即每一个用户所连接的特定网络的价值取决于连接到该网络的其他用户的数量”。① 网络对一个用户的价值，随着使用该网络的用户数量的增加而增加，并随着这个数量的减少而减少。网络的“网络的外部性可能是直接，它是由于消费每种产品的用户数量的增长而导致的网络价值的升高；也可能是间接的，它是随着某种产品的用户数量的增长而导致该产品的价格降低替代品的数量增多，从而引起网络价值的增加”。②

对于电信网来说，当只存在一个用户使用电话时，那么对该用户而言，电信网的价值将为零，因为该用户无法实现电话的语音通话功能。当一个新用户加入时，不仅方便自己与别人通话，同时也方便别人与他沟通，也就为老用户提供了新价值。这样进入电信网络的电话越多，电话的价值就越大。计算机网也是同样道理，如：只有一个人使用电子邮箱时，对于用户而言，其价值也是零，当有新用户加入时，老用户才能从中获得新价值。因此，当只有一个用户时，电信网和计算机互联网对该用户的价值将会为零；当出现多个用户时，一个用户的消费不仅给另外的用户带来价值，而且网络产品的价值也将随着网络用户的增加而增加。一个网路中使用的人越多，用户从网络中获得新价值的机会就越高。实践中电信用户的话费不断降低、宽带网络的提速、互联网电视的

---

① 何霞：《网络时代的电信监管》，人民邮电出版社2010年版，第3页。

② 刘颖悟：《三网融合与政府规制》，中国经济出版社2005年版，第67页。

兴起，也印证了电信业的网络外部性。当然，网络的外部性也会在一定条件下引发市场无效率，甚至会导致电信业产生“马太效应”。对此，促进同一网络性质的不同运营商之间互联互通的法律规制也就必不可少。

2. 规模经济分析

规模经济是指产品的单位成本随着生产规模的提高而逐步降低的规律。电信业具有典型的规模经济的特征。它们在建设初期投资很高，其初期高额的投入会随着用户数量的增加而逐渐降低，这意味着每个用户所分摊的共同成本逐渐减少，即每个用户的平均成本会随着用户规模的扩大而递减。“当用户数量达到一定规模、网络通信达到一定数量时，每个用户、每个网络的业务收入就会大于该用户、该业务的平均成本，整个网络就会盈利。”① 规模经济的作用会激发运营商不断扩大规模的动机，因为达不到一定的规模，企业将会亏损。但是运营商超过了一定规模，就会导致企业扩大规模后的规模不经济，出现独家垄断的局面。长期的垄断势必会造成其他竞争者无法立足，而企业自身也会因缺乏竞争压力丧失降低成本的动力。在进入 5G 时代，会使现有的电信运营商企业规模越来越大，甚至会出现超规模企业或者垄断企业。为了避免规模不经济的状态，我国对 5G 运营施行准入制，对中国电信、中国移动、中国联通发放了 5G 牌照，建立市场的有序竞争，形成真正的规模经济。

3. 范围经济分析

范围经济又称联合生产经销经济，是指由于生产产品种类的增加，进行联合生产的平均成本低于单独生产的平均成本的趋势，或者说利用现有的设备和设施，进行其他产品的生产和销售所产生的经济性。范围经济产生的主要原因是：在一定的技术条件下，企业将密切相关的业务有效地聚集起来，利用共同的设备和设施，进行一体化的生产和销售，从而降低整个运营成本，增强企业的市场竞争力。5G 时代电信企业都能经营多种数字信息业务，这样企业经营的成本显然是低于单独经营一种业务的成本。因为由一个企业在一个网络上经营多种业务的成本肯定低于多个企业建设多个网络运营各种业务的成本。范围经济的存在，就意味着 5G 平台需要具有一定的集中度，才会出现融合后的经济效益，这也是电信业 5G 发展的重要推动因素。当然，范围经济的存在也为垄断的形成提供了客观条件。

4. 自然垄断性

现代法学一般认为：自然垄断是指由于资源条件的有限，无法竞争或不宜

① 刘颖悟：《三网融合与政府规制》，中国经济出版社 2005 年版，第 73 页。

展开竞争的部门，在一定的区域或时期内实行的独占经营。传统理论认为，自然垄断企业通过垄断高价或者垄断产量，使消费者减少产品选择性的同时付出不合理的高价。信息基础网络资源的有限性是电信业自然垄断性的客观条件。电信运营商主要提供通话服务、移动通信服务和各种增值数据服务。对于通话网络初期成本投入高，但信息传输密度大收益高，存在市场竞争的可能。必须考虑的是引入竞争者数量的问题，如果不加限制地放开市场，允许多家企业的网络线铺设到同一用户区，但市场对网络需求的数量是有限的，就必然产生激烈的价格竞争，企业将会亏损。所以对于不宜适用完全竞争的电信市场具有自然垄断属性。但与传统的自然垄断不同的是，信息时代的自然垄断企业不仅不能通过减少产量、提高价格的方式来获取垄断利润，相反还必须以不断提高产量，降低价格的途径来维持垄断地位，原因就在于数字产品具有规模经济性，只有不断增加产量才能降低成本；在降低成本的同时，也只有不断降低价格，才能保持有利的竞争地位和防止潜在竞争者的进入。因此，在信息时代，自然垄断被认为是由技术因素或独特的经济特性形成的垄断。

（二）市场需求激励电信业创新发展

“市场需求是大多数创新活动的出发点和原动力，同时也是所有产品成功创新的归宿，一项创新产品被开发出来以后，能否商业化的关键不是技术本身，而是产品之外的市场需求。”① 这种需求是促进企业不断创新发展的内在源动力。消费者数量增加的快慢、需求的急迫程度直接影响到电信业发展的快慢和规模。

电信5G全商业发展正是基于消费者对网络信息产品价格低、功能全、服务优质、通用性强等要求而产生的。在市场主导资源配置的条件下，电信业发展的动力来自消费的需求。随着商品经济的充分发展，人类的物质文化生活水平不断提高，人们对市场的需求在不断变化，人们的消费方式不再停留于物质消费，而往往追求更加方便快捷、满意舒适的消费方式。信息网络能提供方便、快捷、高效的信息服务产品以满足市场的需求。市场需求便促进企业创新思路，提供企业发展方向，电信企业通过创新，生产适销产品，满足市场需求，从中获得利润。创新产品为企业带来利益，为了获得更多的市场利润，企业就会萌发持续创新的冲动，这种无止境的循环往复使得新的产品不断产生。

① 陶长琪：《基于融合的信息产业自主创新与产业成长的协同机制》，中国人民大学出版社2010年版，第5页。

进入5G时代，以高科技技术向传统产业渗透产生的产品趋同、市场融合、业务的融合，“发生在高技术产业与传统产业之间，高新技术融入其他产业中，影响和改变其他产业的产品生产特点、市场竞争状况以及价值创造过程，从而改变原有产业产品的市场需求和产业的核心能力”。① 为了满足消费者对信息产品服务性的需求，在激烈的市场竞争中吸引更多的消费者，电信运营商不断提高技术，创新产品以满足消费者日益变化的产品需要。电信业积极拓展5G网络是在不断变化的市场环境中谋求竞争优势的必然结果。然而，市场也会产生无序性，造成市场失灵，特别是电信业自身特性更容易产生垄断、外部不经济、信息偏差等问题。在市场“无形之手”无法高效率运行时，需要政府“有形之手”加以规制修正市场失灵。

（三）企业经济效率追求促进电信业全业务融合

企业的价值往往是通过其效益体现出来的，只有营利多了，才有充足的资金获得更多的投资机会，扩大其生产规模和经营范围。“当企业内部存在着可利用的剩余资源，由于市场的限制，企业既不可能将其用于扩大原有生产规模，又不可能通过出售这些剩余资源而获利，同时也不愿放弃以更低成本获取外部资源的机会，只要存在可能的范围经济效益，企业就会作出跨产业多元化经营决策。”② 不同产业中的企业为追求范围经济而进行多元化经营，在融合环境下，企业间的合作大量涌现，通过企业整合、并购、建立战略联盟，最终促使产业融合的出现。电信业在技术突破性发展后，对经济效益的追求尤为突出。再先进的技术和方法都会受到比如特定资源的瓶颈、环保要求提高、政府政策调整、国际经济形势变化等因素制约。电信业会努力寻求与广播电视、网络经营企业等合作，这种改进“反映了对经济增长可持续性的追求，更是反映了对经济效率的追求”。③ 此外，电信业为了获得更多的利润开始了多元化经营，不断地追求范围经济，进行以业务融合为目的的跨产业并购。通过跨产业并购后能够在原有的语音、图像传输业务基础之上开发数字化新业务，扩展和延伸产业链。

① 周振华：《产业融合：经济发展及经济增长的新动力》，载《中国工业经济》2003年第4期。

② 郑明高：《产业融合：产业经济发展的新趋势》，中国经济出版社2011年版，第93页。

③ 席晓丽：《产业融合视角下的现代农业发展研究》，福建师范大学博士论文2008年，第28页。

在电信5G网络推动下，跨产业并购会越来越多。虽然电信业的跨产业并购会给市场带来更多样化的服务，但也需要考虑到电信业规模经济性和范围经济性，跨产业的并购会使电信业的市场支配地位越来越高，加上自然垄断行业具有的生产效率和分配效率的矛盾，当少数一两家电信企业形成垄断后，为了企业利润最大化，企业会将市场定价过分高于成本，导致资源分配效率的低下。因此，对电信业的规制需要政府通过价格规制、反垄断规制、互联互通规制等来进行调整，使生产效率和分配效率达到平衡。

三、放松规制鼓励电信5G网络发展

从全球来看，信息产业已经成为世界许多国家经济增长的新动力，并成为一国的支柱产业。积极推动我国电信业的发展不仅有利于节约社会的总投资，避免资源浪费，对我国高科技的发展和产业结构的升级也有着重大的现实意义。因此，我们需要抓住电信5G建设的契机，增强我国在信息领域的国际竞争力。

电信业面向未来的发展，是更趋向于在业务、市场方面的融合。从我国的法律规制体系来看，对于电信业的发展还是传统的分业监管模式，而电信业的发展需要更多从制度上打破产业间的进入壁垒。当技术创新和技术扩散为电信业发展带来技术可能时，如果不放松对相关产业的规制，就无法实现电信业全产业的融合发展。世界许多国家意识到传统的法律规制体系已无法适应目前的技术与市场的变化，纷纷出台新政策，其核心就是放松市场准入规制、鼓励电信产业的市场竞争，以提高产业的运营效率。

以美国为例，在20世纪90年代，美国开始放松对电信业的经济性规制，在1996年制定了新《电信法》，从法律上解除了电信业准入禁令。1996年颁布的新《电信法》旨在通过开放电信业来促进市场竞争，国家通过放松规制来促进高科技通信、信息技术以及服务的企业发展。在新《电信法》的指导下，美国取消各种电信业务市场的限制，为经营本地电信业务的电信公司进入长途通信业带来了发展机遇。同时，鼓励长途通信市场、本地通信市场、广播电视市场和计算机网络市场中的企业相互进入到对方的领域，鼓励各类运营商相互并购，创造全方位竞争的法律环境。规制的放松打破了电信业与传统产业界限，降低了各产业之间的市场准入的法律壁垒。允许电信公司、广播电视和移动通信公司业务交叉，极大地推进了电信业务的全面竞争态势。1996年的《电信法》不仅促进了美国的电信公司、广播电视企业之间的相互竞争，也加强了电信业、计算机互联网业和广播电视业之间的融合。《电信法》颁布后，美国AT&T公司先后收购了广播电视公司TCI和宽带运营商Comcast，借此进入广播电视业，在全美国向所有用户提供视频、话音和数据的捆绑式业务。AT&T的并购大大扩大了其通信业务，使它成为美国最大信息通信业务运营商之一。在电子技术、计算机多媒体技术、无线通信技术飞速发展、相互结合的时代，美国的《电信法》是与技术发展趋势相适应的，从法律上解除了对电信业准入的禁令，为美国信息产业之间大规模的兼并、交叉进入扫除了障碍。

当然，政府也不是万能的，也存在政府失灵的情况，“如果政府在干预市场的过程中，经济效率不能得到改善甚至恶化，或者规制行为所带来的收益小于为此付出的成本，那么就会发生“政府失灵”。① 政府失灵一般源于政府信息不对称、规制俘获和寻租行为、规制策略的滞后性。对于电信业的规制的政府失灵问题，除了以上几点外，电信业更会因技术的变革带来政府失灵，比如通过放松规制打破了电信业进入的藩篱，随之产生的网络中立问题，仅依靠政府规制是无法有效解决。此外政府的放松规制也不等于不规制，对于电信业5G的全商用，意味着更多产业的融合，彼此间的交融产业边界的模糊一定会产生法律问题，因此电信业更需要精准规制与谦抑性规制手段相结合。

第三节　电信业融合规制的必然性

电信业升级至5G时代，电信业务向各行各业的拓展，加速了产业边界的融合，激发了市场经济的活力。随之也会带来市场失灵的问题，客观上就需要法律加以规制。特别是先进的5G技术，使得传统的分业规制体系已经不能适应现阶段产业融合发展的需求，监管重叠和监管缺位并存，为了更好地促进电信5G在我国顺利展开，规制应急需由分业走向融合。针对电信业规制的目标有终级目标和直接目标两个层次：终极目标是增进社会福利，即公共利益的维护，这是规制的根本出发点；直接目标包括维护电信用户利益、促进电信市场公平有效竞争和促进电信行业发展等，也即市场竞争秩序的维持。

一、社会公共利益的维护

（一）公共利益之源起

“公共利益”这一法律概念最早来自欧洲中世纪罗马教廷的“公平价格”

① 李郁芳：《政府规制失灵的理论分析》，载《经济学动态》2002年第6期。

教义，当时教会组织以此来评价社会上活动的公正性。“公平价格”在教廷教义中是与“自然价格”相对应的一个概念。自然价格强调的是具有交易意愿的买卖双方所达成的交易价格。公平价格关注的是在买卖过程中是否存在单方强制的情形，例如在饥荒年景，买方出于生计的原因被迫依照卖方索价进行购买。当时罗马教皇裁定，只有在买方向卖方支付了“公平价格”的情形下，即卖方按照常规仅收取了合理薄利的价格时，这一交易才能被视为合法的。罗马帝国后期，当时的罗马执政者基于对生产成本的估计颁布了约 800 条有关市场最高限价的法令。执政者的这些法律和法令得到了交换组织的首肯，认为它们符合教廷所极力推崇的重要教义——“公平价格”。

在中世纪时期，欧洲一些国家出现了“同业公会”组织。当时这些“同业公会”的成员均被要求遵守一种义务：必须向所有那些愿意支付合理价格的顾客们提供服务。当时在英国正式出现了“公共利益”这一法律概念。英国普通法法院对同业会所、贵族采邑和城镇当局的权力进行了限制。被规制的基本服务行业接受政府的庇护和规制，但必须应顾客的要求提供服务且收取合理的费用。

（二）公共物品性需要法律规制

电信业属于典型的公共物品范畴。现代社会是信息社会，在某种程度上说信息就是机会，就是财富，因而信息的传播与接收极为重要。互联网技术是现代信息的核心，互联网与电信网是同一网络同属于电信业，因此电信业被人们普遍认为是社会基础设施，它所提供的信息化产品在信息化社会生产和生活中是必不可少的。随着社会经济发展的需要以及人们对日常生活快捷便利的需求，电信业的公共性日益凸显。但是电信网络具有很强的规模经济性和范围经济性，而初期的固定成本高，将网络铺设到人口稀少的偏远山区，因其使用率低会导致运营商在这些地区无法收回成本。在经济利益驱使下，运营商一般不愿意在这些地方提供服务。因而需要法律介入，将普遍服务制定为运营商的基本义务，保证偏远地区有需求的人也能公平地获得服务。尤其电信进入 5G 时代后，人们对信息网络的平等使用权凸显，电信网络的社会属性更为关键。当下我国强调服务型社会，电信网络的公共性也成为我国政府规制的关注焦点，对电信业的普遍服务规制将成为今后电信规制的重要部分。

（三）信息不对称损害公共利益

信息不对称是市场不完全竞争的外在表现之一。信息不对称使得市场容易发生“逆向选择”和道德风险，导致市场失灵。在实践中电信网络往往凭借其优势地位和拥有的专业知识，不对消费者公布完整的信息甚至向消费者隐瞒对本企业不利的信息，使得消费者掌握的信息明显不对称，无法作出正确的选择。若消费者想要完全掌握高科技产品的成本、技术等方面的信息，不仅需要花费大量的物力、财力与时间，还要具备相应的专业知识。消费者普遍存在的“搭便车”的心理以及消费者个人能力的限制导致消费者不愿去搜集分析信息，因此，为维护广大消费者的合理权益，需要应用规制手段增加市场透明度，尽量减少这种信息不对称，实现资源的有效配置。

二、竞争秩序的维持

电信业的网络外部负效应、收入分配的不公和自然垄断性会导致市场的失灵，在位企业会滥用自己的市场优势限制竞争损害相关竞争者的利益。

（一）网络外部性

电信网络存在很强的网络外部性。电信网络的外部性分为直接的网络外部性和间接的网络外部性。电信业的网络外部性是通过用户之间的交互实现。电信用户会随着新用户的加入使得原有网络用户不仅能选择到更多的通信业务，还能因用户的增加带来成本的减少从而以较低的价格享受更多的服务。最为典型的就是电信增值服务，如交友聊天、手机游戏，只有足够的用户加入才能实现交互，得到更多的价值。因此，各运营商采用价格吸引、优惠服务条件吸引更多的用户加入网络中。在扩大用户的同时，企业会考虑竞争效应，如果竞争效应小于盈利，企业则努力实现质优价廉的网络服务，如果竞争效应大于盈利，企业则会拒绝提供网络产品。现实中，主导企业往往通过拒绝或防碍网络间的互联互通来限制自己的竞争对手获取网络外部性带来的收益。这时需要运用竞争法对企业加以规制，提高市场竞争性，维护市场竞争秩序。

（二）企业间分配不公平

电信业5G的全面商用，能让电信增值服务市场有更多的竞争，但整个电信业仍然会产生分配的不公平问题。电信业的“横向全网全程”① 需要一家电信企业与另外电信企业达成互联互通，互联网络越多则规模效应越大。如果

① 横向全网全程，是指一个地理区域的运营商传递信息需要其他运营商全程配合，进而形成了电信网和广播网的全程全网特征。

由一个企业统一运营网络，那么互联互通的成本就越低，运营商的效率就越高，但这样便造成了电信资源的垄断。我国当前基础网络运营由中国电信、中国联通和中国移动三家电信运营商获得准入资格，没有获得运营资格的企业只能搭接三大运营商进入市场提供服务，这也是明显自然垄断性的表现。此外，电信业的“纵向技术关联”① 使得电信运营商经营网络基础设施的同时经营网络运营服务业务。特别是电信业进入5G时代以后，电信业的增值服务跨越了各行各业，协作需求已不仅仅局限在电信业内部，更会拓展到下游企业。比如说，电信骨干运营商为了维持市场地位，对下游企业的垄断性业务和竞争性业务实施交叉补贴行为，让接受垄断性业务的消费者承担过高的价格，而在竞争性业务中采取过低的价格吸引消费者，排挤竞争对手以获取更多的市场份额；又如，电信运营商利用垄断地位和信息的不对称限制市场竞争，从而获取超额利润的定价。这些都会扭曲社会分配效率，造成企业间分配的不公平。

（三）自然垄断性限制竞争

电信业进入5G时代后，其自然垄断性也不会消失。我国5G运营牌照发放给了中国电信、中国移动和中国联通三家，市场上有限的竞争者其自然垄断属性不可避免，且电信业具有规模经济、范围经济等特点，这些特点与垄断密不可分，这在之前已经详细阐述。为保证社会生产效率与经济稳定、防止企业的不正当竞争行为，抑制企业通过制定垄断价格以维护自身分配效率，经济发达国家均对三网融合企业的垄断行为加以规制。特别是近年来，尽管不同国家选择了不同的方式进行市场和规制制度的改革，但是世界上没有任何一个国家放弃对三网融合市场的规制，规制政策仍然是各国政府实现社会福利最大化、消除或抑制市场失灵必不可少的手段。实践中，各国规制的范围还在扩大，将电信专门行业规制与反垄断规制协调运用，以促进电信市场的有效竞争。

---

①　纵向技术关联，是指运营商运营产业从纵向上划分为网络基础设施建设和运营，网络基础设施建设与网络服务运营之间的纵向技术关联度高而形成内部纵向一体化组织结构。

第三章 电信业市场进入壁垒的控制：准入规制分析

市场准入制度是政府对货物、劳务和服务进入市场程度的许可制度。在市场经济的要求下，我国对于一般商品市场没有限制市场准入。由于电信业这种网络型行业的特性，对此类特殊市场，我国政策经历了壁垒森严、适当参与、相互渗透进入的一个发展过程。现阶段我国以发放经营牌照的方式限制了市场的准入。进入到5G时代，电信业之间的竞争加剧，产业链的延伸使得电信业市场准入的法律规制无法满足市场有效竞争的需求。因此，亟待改变原有的市场准入规制政策，以适应变化了的市场。

第一节 电信业的市场准入规制制度

市场准入制度实质上构成了对竞争自由的约束，但基于电信业的规模经济特性，以及电信网络自然资源和技术资源的有限性，在可竞争条件下，并不能全面放开竞争。由此，根据电信业的产业特征，在一定条件下对电信市场准入作出限制。电信业的市场准入限制是由于信息资源的稀缺性产生的，这并非排斥其他新的竞争进入，对满足条件的新进入者的进入申请还是应当予以支持。因此，就需要对电信市场的特殊市场准入制度予以法律的明文规定，控制在位企业的权利滥用以及限制过度进入从而保护新进入者的利益。

一、市场准入规制

市场准入（Market Access），是“有关国家和政府准许公民和法人进入市场，从事商品生产经营活动的条件和程序规制的各种制度和规范的总称”,①是国家对市场进行干预的基本制度。在早期的国外自由竞争时期，提倡管得最少的政府是最好的政府，政府设置市场准入制度是不被允许的。随着市场经济

① 李昌麒：《经济法》，中国政法大学出版社2002年版，第146页。

的发展，市场的非理性带来的恶性竞争，导致垄断行为对市场竞争秩序的损害，政府干预市场成为急需，因此各国开始建立市场准入制度。在我国的计划经济时期还没有市场准入这一概念，计划经济时期没有形成生产要素的自由流通，更没有市场竞争，因此计划经济时期我国没有市场准入制度。“市场准入”一词进入我国，最先是在国际贸易方面使用，1992 年签署的《中美市场准入谅解备忘录》使用“市场准入”一词，随后我国加入世贸《关税与贸易总协定》引用了此词。我国的市场准入规制是随着我国市场经济的进一步发展，政府为了克服市场失灵和实现经济调控的目的而不断细化完善的。

现代立法和理论研究普遍将市场准入制度分为一般市场准入制度和特殊市场准入制度。一般市场准入制度是市场经营主体进入市场，从事市场经营活动都必须遵守的一般条件和程序，通常指工商登记制度。我国的工商登记包括企业法人登记和不具备法人条件的经济组织申请营业登记。特殊市场准入是对市场主体进入特定行业市场，从事经营活动的条件和程序的限制。一般市场准入是任何市场主体进入市场的必经环节，任何企业进行市场经营活动，都必须经过一般市场准入，对于电信业而言，并无多大特殊性。我国一般市场准入只要符合法律、法规的进入条件，通过市场主管部门的法定许可程序，通常表现为商事登记制度。企业获取工商营业执照后，方能从事相关的生产销售活动，监管部门依法对企业的市场行为进行监管。“能够自由进入是一个行业中的企业具有竞争性的源泉”,① 2015 年 10 月，中央政府出台《国务院关于实行市场准入负面清单制度的意见》，以清单的方式列明了我国禁止及限制投资进入的行业，未列入清单的行业则为一般市场准入，这进一步发挥了市场资源配置作用。我国电信行业的市场准入首先应当遵守一般市场准入条件，市场准入是电信业竞争的首要条件，但是电信业在多大程度上、多大领域内享有进入自由，则受制于市场准入制度。

二、特殊市场准入的形式

5G 时代电信业将实现全业务经营，其市场领域主要涵盖骨干网经营、宽带网络服务、电信增值服务以及最终用户服务等。一般性准入规制能最大限度地引入竞争，但电信行业的规模经济和具有的自然垄断性，完全竞争模式下的一般性准入规制会使得电信网络重复建设，资源配置不平衡。因此，许多国家

① ［美］保罗·杰罗斯基、理查德·J. 吉尔伯特、亚历克西斯·杰克明：《进入壁垒和策略性竞争》，崔小刚译，北京大学出版社 2004 年版，第 1 页。

对电信业的准入采用的是特殊市场准入规制。从我国现行立法来看，特殊市场准入规制一般采取立法特许、专项批准、现有企业拆分重组和颁发许可证形式。

第一，在不引入竞争的情况下，按照传统的准入规制，对电信业采取立法特许和专项批准的方式。现代的市场准入制度虽然也存在立法特许和专项批准的情形，但更多采用颁发许可证形式。如在我国电信业务的经营许可需经信息产业部审查批准取得经营许可证后方可经营电信业务；计算机互联网业务也需得到信息产业部及相关规制机构的审批取得互联网经营许可证后方能经营；广播电视业务需由广电总局批准取得广播电视经营权。

第二，对现有企业进行拆分、重组，使原来在某行业中只有一个企业经营变成相互独立的几个竞争企业，从而达到竞争的目标。这种情况出现在我国电信业规制改革的初期。一方面，现有企业规模太大，各种业务需要重新组合，而企业经营效率太低，需要重新组织企业结构；另一方面，原有的企业大多是国家所有或有政府背景，这给从政府方面进行企业改革带来了可能性，也可以达到一举两得的目的，即改组企业和引入竞争。

第三，规制机构公开发放经营许可证。这是近年来比较常用的方式之一。规制部门根据市场的实际需要，按市场管理的目标来确定该行业的经营者数量与条件，并将其要求向社会公布。这样，有条件的企业就会按要求进行准备，必要时可以采用一定的方式进行竞争优选，从而把最符合条件的企业引入进来，同时也给潜在进入者公平参与的权力。在理论上，也有学者认为，在独家垄断经营的领域，只要经营权是通过公开竞争取得的，也能保证企业在经营中保持一定的竞争机制，因此，其他进入者可以在许可证到期后竞争经营权。

就我国而言，进入许可通常包括两方面：一是设立许可；二是经营许可。前一种通过新设立市场主体，可直接增加市场竞争者数量；后一种通过扩大现有经营者的经营范围，间接增加经营者的数量。当前的客观现实是，我国的规制机构并不区分有无数量限制，反而过度青睐行政审批方式，且准入条件规定并不明确，常设定歧视性准入条件，为规制部门设立寻租创造了客观条件。

三、电信业特殊市场准入规制的必要性

特殊市场准入制度限制了市场竞争活动。从表面看来，这与目前推崇的网络竞争之取向并不相容。实际上，电信业所从事的营业活动仍具有特殊性，并非可完全自由竞争的行业。

第一，自然垄断属性限制了电信业的完全竞争。伯格和奇尔赫特提出的

“自然垄断弹性理论”，认为对于自然垄断并非一定要采取规制手段。根据这一理论我们可以理解为电信业需要大量的投资才能形成生产能力，并且在位者已经投入了大量的固定资本，形成了比较强大的生产经营能力，新进入者的投资风险很大，若获得的利润与投资的风险不能成正比，新的进入者就会自然地被垄断的门槛挡在门外。然而，这种情况需要有一定的条件，比如，现在经营者的利润率不是很高，对新进入者就不会有太多的吸引力，一旦市场利润足以吸引相当数量的竞争者进入时，对垄断者形成了生存威胁，使其成本与盈亏无法维持平衡时，出于社会资源最优化的目的就需要对新进入的数量进行限制。虽然这难以用具体量化指标衡量，但仍可证明，自然垄断虽能在一定程度上“自然而然维持其垄断地位”，在特定情况下尚需特殊准入制度加以规制。同时，电信业自然垄断的特殊性在于网络效应，在竞争条件下充分发挥网络效应，必须保持竞争网络之间的互联互通。若参与竞争的网络数量过多，既会增加企业之间互联互通的成本，也会增加规制机构对互联互通以及企业之间公平竞争的监控成本。

第二，资源的稀缺性限制了电信业自由竞争的可能。电信业属于网络型公用企业，公用性产业在国民经济中发挥重要作用，是国家经济中的基础产业，对其他产业发展具有直接和间接的关联性，其发展会影响到其他产业的发展。① 因此电信运营商在我国均为国有企业，其市场准入不同于一般企业的准入规制。同时，电信业开展业务通常也依托一定资源。如提供基础电信业务需一定网络自然资源和技术资源，诸如无线电频率、号码、空间、轨道、市内传输资源、用户驻地网资源等，过多的竞争者参与会导致资源供给不足，资源稀缺性决定了须规制电信企业的进入。

第三，完全开放市场存在过度竞争的风险。三网融合的网络建设周期长，投资成本大，固定成本所占比重高，存在巨大的沉淀成本。企业只有通过较长时间的运营和规模的不断扩大，其盈利性方能显现。若在位企业能获取较高垄断利润，而政府对市场又缺少有效准入规制，可能会以错误信息引导过多竞争者进入，开展网络建设与运营。在市场需求总量有限的情况下，企业为补偿巨额沉淀成本，易以将竞争对手挤出市场为目的，开展低于成本价的过度竞争，从而导致社会福利损失。

---

① 曹阳：《我国网络型公用企业竞争的可行性分析》，载《经济法论坛》2006 年第 4 卷。

四、电信业特殊市场准入规制的边界

虽然特殊市场准入制度有其合理性，但从推动电信运营商之间竞争的角度思考，应尽最大可能地限制特殊市场准入范围。“正如药物效用最佳状态乃是人体不再需要它，法律的最大成功也在于当局对公民的生命、自由和财产所进行的令人讨厌的干涉被降低到最低限度。”① 只有放开或放松特殊市场准入限制，电信运营商之间的竞争才能从法律上得以可行。政府应在经济和技术允许范围内，尽可能降低特殊市场准入条件，把准入规制对竞争造成的损害降到最低。或者说，在可竞争领域仍然维持独家垄断，或已引入竞争领域维持寡头垄断格局，排斥一切竞争者参与，都应属于不当特殊市场准入，其实质等同行政垄断。当然，也需要考虑放松市场准入可能带来过度竞争的问题。实际上，市场准入规制的放松会产生过度竞争的可能性很小。② 因为放松市场准入规制并非全面放开，而仅为有限度的增加竞争者数量。

例如，欧盟最大程度地剥离了稀缺资源使用权分配和主体进入市场的行政许可，只对电信稀缺资源的分配进行总量控制，对主体进入市场不设行政许可。欧盟的完全竞争指令（96/19/EC）则树立了全面自由开放电信市场的里程碑，为我国电信业的放松市场准入规制引入竞争树立了良好典范。该指令的第 2 条第 2 款强制其成员国从 1998 年 1 月 1 日取消语音电话服务提供的专营权利。第 2 条第 1 款要求成员国撤销：“（a）提供电信服务的专营权利，包括建立和提供需要提供上述服务的电信网络；或者（b）将经营者数量限制为两家或更多企业提供上述电信服务或建立、提供上述网络的特殊权利，根据客观、按比例和非歧视的标准除外；或者（c）指定经营者的特殊权利，根据客观、比例和非歧视的标准指定数家竞争性企业提供上述电信服务或建立或提供上述网络除外。”

美国在 1996 年颁布新《电信法》取消了诸多许可，除涉及稀缺资源外，不限制数量，以促进全面竞争。美国 1996 年《电信法》规定“任何州或地方法律、法规，或者其他法律不得禁止任何实体提供任何州内或跨州的电信服务，或者对其具有禁止性影响”。同时还明确允许电信和广电的双向进入，修

---

① ［美］E. 博登海默：《法理学：法律哲学与法律方法》，邓正来译，中国政法大学出版社 1998 年版，第 346 页。

② William W. Sharkey, *The Theory of Natural Monopoly*, Cambridge University Press, 1982, p. 27.

订后的电信法从法律上消除了对电信业全业务经营的禁令，由于市场的放开，竞争主体的数量急剧上升，甚至达到上千家，而市场份额却主要集中在为数不多的大型运营商手中。如 2005 年 Verizon 和 MCI，SBC 和 AT&T 合并后，这四家企业占同行业收益的 75%。

由此可见，特殊市场准入的界限在于垄断企业管理的有形之手和市场竞争的无形之手的成本高低之衡量。若在衡量各方面利益相关者福利变化基础上，竞争成本低于垄断利润时，则应该限制特殊市场准入的设置。我国对市场准入的过度行政干预由来已久，基于权利寻租而创设不必要市场准入规制，导致政府干预失败的现象比比皆是。因而，应在竞争有限的原则下，对特殊市场准入作严格限制，确保数网之间的直接、间接竞争和网际之间的替代竞争。在此基础上，尽可能减少对竞争机制形成不合理限制。

第二节　我国电信业市场准入制度现状分析

电信业的网络资源稀缺性要求对经营者进行总量控制，这是电信业初期采用特许准入的基础。随着电信业的发展，基础网络的自然垄断性可以最大程度地与市场运营资格剥离，只有涉及使用稀缺资源的领域才有必要保留特许准入。在电信业发展较好的西方经济发达国家的立法皆反映了这一趋势。我国电信业经过几十年的发展，面对 5G 时代的电信市场准入规制还处于探索完善阶段。从整体来看，我国电信业的市场准入规制存在着立法层次低、法律体系繁多、规制机构重叠等问题。

一、我国电信业准入政策发展流变

“信息产业是国民经济的基础产业、先导产业和支柱产业，在我国现代化建设和实现小康社会的进程中发挥着举足轻重的作用。”① 电信业是我国信息产业发展的核心力量，沿着技术发展的历史轨迹，在数字革命的影响之下，经过技术融合、业务融合、市场融合等途径，从单一的通信行业逐渐过渡到了电信全业务经营的状态。

长期以来，我国电信业准入规制主要是对基础网络的通信市场的限制，随着互联网技术的发展，电信的增值业务不断向其他行业融入，但市场准入制度

① 《温家宝强调要努力向电子强国电信强国目标迈进》，载中新网：http://www.chinanews.com.cn/news/2004-10-28/26/499810.shtml，2004 年 10 月 28 日。

仍然是依据其产业分立状态进行分而治之，可以说是泾渭分明。比如，我国传统地将计算机互联网业务和数据业务视为电信业务的一种，因此工信部负责电信业、计算机互联网业的准入，而视频网络的市场准入则是由广电总局负责。由此一来，电信网络和互联网视频的相互准入便成为5G时代准入规制的关键问题。回顾我国电信业的视频网络准入规制，可以更好地促进电信业全业务的发展。电信业市场准入规制大致可以分为以下三个阶段：

一是严格控制阶段。在计划经济时期，我国电信业实行的是严格国家垄断市场准入制度，其他行业资本不得进入。直到1999年，国发办〔1999〕82号文明确规定："继续遵守电信部门与广播电视部门的分工。电信部门不得从事广播电视业务，广播电视部门不得从事通信业务，对此必须坚决贯彻执行。"①国家对广电、电信实行严格控制，明文禁止广电、电信出现任何业务上的融合。此阶段不论是电信基础业务还是增值业务，都是严格限制准入。

二是尝试探索阶段。在2000年以后，政府开始对自然垄断的国企进一步改革，放松准入规制，引入竞争。虽然我国《电信条例》明确规定了电信业市场准入的许可证制度，即电信基础业务市场和增值业务市场均采用许可准入制。但由于我国加入WTO，承诺电信市场对各国开放，此时我国电信业开始放松准入，规定电信基础业务由国有资本控制，"股权和股份不少于51%"。②在电信增值业务方面，主要是网络视频业务的进入，其市场准入由广电总局规定电信基础业务由国有资本控制，"股权和股份不少于51%"。在三网融合的推动下，2004年，国家发改委向科技部、信息产业部、广电总局等5部委发出《鼓励数字电视产业发展的若干政策》的"征求意见稿"，其中提道，"条件成熟时，推动电信和广播电视市场相互开放、业务交叉竞争"。③ 2008年，在国办发〔2008〕1号文中关于推进三网融合中提道："在确保广播电视安全传输的前提下，建立和完善适应'三网融合'发展要求的运营服务机制，鼓励广播电视机构利用国家公用通信网和广播电视网等信息网络提供数字电视服

① 《国务院办公厅转发信息产业部国家广播电影电视总局关于加强广播电视有线网络建设管理意见的通知》（国办发〔1999〕82号），载人民网：http：//www. people. com. cn/item/flfgk/gwyfg/1999/112706199901html，1999年9月17日。

② 《电信条例》第10条规定，经营基础电信业务，应当具备的条件之一是经营者为依法设立的专门从事基础电信业务的公司，且公司中国有股权或者股份不少于51%。《电信业务许可管理办法》第5条规定，经营者为依法设立的专门从事基础电信业务的公司，并且公司的国有股权或者股份不少于51%。

③ 包冉：《数字电视：国务院08年1号文件》，载《中国数字电视》2008年第1期。

务和增值电信业务。在符合国家有关投资、融资政策的前提下，支持包括国有电信企业在内的国有资本参与数字电视接入网络建设和电视接收端数字化改造。”① 2009 年 4 月 14 日正式发布的《电子信息产业调整和振兴规划》中提道：“落实数字电视产业政策，推进三网融合。”② 从严格控制到鼓励广电、电信尝试相互准入，这是一个有益的探索过渡阶段。

三是深化准入改革阶段。2013 年以后我国不断深化改革，特别是对国有企业的分类改革。我国出台《深化国企改革意见》《国企功能界分意见》均要求对自然垄断性国企应根据不同行业特色实行网运分开，分离竞争性业务，解决自然垄断性国企股权单一化等问题。③ 2014 年我国成立中国铁塔股份有限公司，将电信业的基础网络建设和基础网络运营相分离。通信铁塔建设由中国铁塔股份有限公司独家经营，电信基础网络运营仍然适用许可准入。在增值业务方面，随着电信业务融合性发展，融合性业务的准入主要集中在互联网业的市场准入。互联网的准入受《电信终端设备进网审批管理规定》《计算机信息网络国际联网管理暂行规定》《中国公用计算机互联网国际联网管理办法》《电信业务经营许可管理办法》等法律法规的限制，因其提供的服务涉及网络视听内容，还要受到电信业准入和广电业准入的双重规制。国务院明确提出：“落实国家相关规定，实现广电和电信企业的双向进入，推动‘三网融合’取得实质性进展（工业和信息化部、广电总局、发展改革委、财政部负责）。”④ 这在一定程度上推进了互联网的准入。

国家对电信业的市场准入规制经历了由壁垒森严到适当参与相互渗透最后形成融合性市场准入的发展过程。我国允许电信业、广播网络的双向进入，标志着电信业的全业务经营正式开始。电信业准入规制的放松，首先，它体现了电信业技术发展的实质要求——适应先进技术和市场竞争的需要；其次，在一

① 《国务院办公厅转发发展改革委等部门关于鼓励数字电视产业发展若干政策的通知》（国办发）〔2008〕1 号，载广电总局网站：http：//www.sarft.gov.cn/articles/2008/01/1820080119004411200481.html，2008 年 1 月 1 日。

② 《电子信息产业调整和振兴规划》，载中央政府网站：http：//www.gov.cn/zwgk/2009-04-15/content_1282430.htm，2009 年 4 月 15 日。

③ 杜育华：《刍议如何实现国有企业股权的多元化改革》，载《企业导报》2014 年第 11 期。

④ 《国务院批转发展改革委关于 2009 年深化经济体制改革工作意见的通知》（国发〔2009〕26 号），载中央政府网站：http：//www.gov.cn/zwgk/2009-05/25/content_1323641.htm，2009 年 5 月 25 日。

定范围内支持了电信业与其他产业融合的趋势，这就是基于互联网进行的广播电视传输，如手机电视、IPTV；最后，体现了我国电信市场有限准入的精神，如基于信息安全和网络资源配置的考虑，对电信开放的市场仅为数字形式的广播电视传输。

二、我国电信业准入规制的弊端

我国电信业历经传统的单一规制，到三网融合引入竞争的双向规制，再到现阶段5G牌照发放的有限准入规制。电信业经过几十年的市场准入规制，电信业发展历程也体现了规制思路的不断变迁，为电信5G时代的发展发挥了积极作用。虽然我国电信网络技术发展较快，但在发展的同时也引发了诸多问题，从上文的政策中我们不难发现：在电信业市场准入规制方面，目前的相关规制只能以红头文件的形式出现，其法律位阶较低，且缺乏相互连接性，造成电信业发展诸多的不便和不确定因素。而对于进入全业务经营的电信业，延用传统的多头监管也使得电信业规制体系呈现乱象。

（一）立法层次较低缺乏权威性

我国现有关于电信业的市场准入规制，位阶最高的是国务院颁布的《中华人民共和国电信条例》《广播电视管理条例》《外商投资电信企业管理规定》等行政法规，其次是工信部、广电总局以及各部门颁布的部门规章和地方性法规，最后是一些“红头文件”。首先，在电信业准入最高层次中，《中华人民共和国电信条例》（以下简称《电信条例》）是对电信业务的准入规制，《广播电视管理条例》是规定视频业务准入规制，均属于行政法规。它们的立法层次不够高，特别是进入5G时代后，电信业务的横向融合越来越多，对于复杂的电信市场，低位阶的行政法规其规制作用有限。其次，关于电信业准入的部门规章和地方性法规，由于其根植于传统的认识之上，未能体现对现代规制制度的最新认识，具有明显的行业、部门保护特色，透明度差，在规制力度和权威上存在着严重不足。例如：我国在2015年开始实施负面清单，在视频准入方面，广电部门依据《互联网视听节目服务管理规定》向符合条件的国有独资或国有控股单位颁发IPTV和手机电视经营许可证，已获得IPTV牌照的有7家公司，其中上海文广、央视国际、南方传媒、中国国际广播电视电台以及杭州华数、江苏电视台6家公司属于广电系企业，仅有北京华夏安业科技有限公司1家民营企业获得许可牌照。① 迄今为止，中国电信300多个本地网中，只有上海、福建、厦门等6个本地网获得IPTV许可牌照，还有95%的本地网尚未获得IPTV业务许可。最后，“红头文件”的颁布，任意性较大，由于地方和各部门之间存在经济利益之争，会利用红头文件设置市场准入的隐形壁垒，这就成为市场开放的“玻璃门”。

（二）法律规制相互分割，缺乏连接

电信业进入到5G时代，发展最快的是视频网络业务，它也是5G发展的一个核心方向。从目前我国法律规制框架来看，网络视频业务涉及电信业准入、广电业准入和互联网的准入。我国电信行业的市场准入主要依据《电信条例》的规定：“国家对电信业务经营按照电信业务分类，实行许可制度。……未取得电信业务经营许可证的任何组织或个人不得从事电信业务经营活动。”广播电视行业的市场准入主要依据《广播电视管理条例》的规定：“广播电台、电视台，经国务院广播电视行政部门审查符合条件的，发给广播电台、电视台许可证。”这就意味着一家企业要从事网络视频的业务就必须依照《电信条例》和《广播电视管理条例》申请两个许可证，获得工信部和广电局的双重许可。在2009年国发办第26号文件指出：“落实国家相关规定，实现广电和电信企业的双向进入。”② 这项规定只是国家宏观层面上的政策，网络视频业务涉及广电和电信两大产业的各方面的问题，如企业管理体制的变革、市场经营范围的扩大、相关企业的利益等。而且，由于这两个条例将准入权分配给了不同部门，对于广电和电信的准入以何种方式进行，进入的范围是完全开放还是有限制的进入；对于网络视频准入的融合监管将以何种方式展开，这些都需要相关法律明确细化。此外，随着我国“放管服”政策的实施，许多行政许可权下放，但是许多“红头文件”的效力还没有废止。如在电信网络视频方面，国务院1999年的82号文件的规定至今仍然有效，成为三网融合的“达摩克利斯之剑”，与目前出台的法规相冲突。这种缺乏连接的准入制度不仅给电信网络视频业务增加了守法成本也增加了规制机构的执法成本。

---

① 刘颖悟：《三网融合与政府规制》，中国经济出版社2005年版，第116页。

② 《国务院批准转发展改革委关于2009年深化经济体制改革工作意见的通知》（国发〔2009〕26号），载中央政府网站：http：//www. gov. cn/zwgk/2009-05/25/content_1323641. htm，2009年5月25日。

（三）三网融合市场准入规制机构重叠，规制能力分散

在电信业领域，2000年颁布的《电信条例》第7条规定："国家对电信业务经营按照电信业务分类，实行许可制度。经营电信业务，必须依照本条例的规定取得国务院信息产业主管部门或者省、自治区、直辖市电信管理机构颁发的电信业务经营许可证，未取得电信业务经营许可证，任何组织或者个人不得从事电信业务经营活动。"在广电领域，《广播电视管理条例》第5条规定："国务院广播电视行政部门负责全国的广播电视管理工作。"① 依据《电信条例》和《广播电视管理条例》，中国的电信业、计算机网互联网业务及广播电视业分别隶属于两个监管机构。电信业和计算机互联网业均属于通信业，由工信部负责执法监督，但它却不拥有独立的市场准入权，而这些权利分散在国务院和各地方部门。广播电视接受广电总局的监管，若电信运营商要进入广播电视领域就得同时接受广电总局和工信部的监管。电信5G的全面商用，电信业的边缘供应商除了工信部和广电总局对他们的准入进行规制外，公安部、文化部、商务部、新闻出版署等诸多部门，也对企业的准入具有监管的权力。规制权力的分散动摇了规制机构的权威，众多管制者共同参与规制时，势必耗时耗力，难以协调，导致监管成本过高，规制效率低下甚至规制失败。

（四）规制方法落后，规制效果弱化

我国的国有企业虽然历经了政企分开的改革，在2015年为了更好地实现对国有企业的监管，又进行了国有企业分类改革。由于电信业具有较强的社会性和自然垄断性，故将其划分为公益类国有企业，因此对电信业的市场准入不能同商业类企业放开准入。对电信业的准入监管实行政企分离、政监一体的一分一合型规制机构。由于政府主管部门既是运营管理者，又是行业政策的制定者，具有多重角色，加之在我国，由于长期的历史原因形成的规制者和被规制者的人事、工作关系也导致规制机构难以保持中立和公平。使得规制者在企业和消费者之间很难保持公平、中立的立场，偏袒本行业几乎是必然的。此外，我国依据《电信条例》视频业务播放属于信息传播活动，应该由工信部进行监管。实际上，工信部只负责对广播电视网络的宏观统筹，具体的广播电视网络视频传输准入由广电部门审批。随着电信5G的发展，融合业务越来越多，在激烈的市场竞争中分业监管势必会引发这电信和广电部门间利益的冲突，必

---

① 王春晖：《电信竞争的法律规制》，北京邮电大学出版社2008年版，第97页。

然导致“部门利益最大化、有利必夺”，为市场准入设置各种隐性门槛。

现阶段，我国还没有出台《电信法》，电信5G发展带来的跨产业的融合业务又分属于不同的政府部门监管，各部门的争利无法有效地改变电信业的寡头垄断情形。电信业5G的准入仍然只向中国电信、中国移动和中国联通开放。加上在不同时期出台的文件又没有及时废除仍存在冲突，希望通过市场准入规制引入竞争打破电信业的垄断难以付诸实践。鉴于此，有必要加快制定《电信法》，统一明确电信业准入的制度，确立独立的准入机构，整体规划现行法律法规，厘清相关部门的权责分配。

第四章　电信业市场运营行为的监管：标准规制分析

电信业进入5G时代后，使不同网络间能够提供的相同业务越来越多，导致电信业、广播电视业和电信边缘产业之间的竞争问题越来越突出。新的产品、服务将不断涌现，它们常常会超出原有的产业范围，变得难以界定，从而在法律规制上不断出现“真空地带”。同时，信息性技术的发展，行业间又必须进行相应的合作、对等的开放和相互的渗透，这必将对未来电信业的监管带来诸多挑战。

在过去，政府的主要政策方向集中在主导产业发展，但今后的政策方向在于通过市场竞争实现消费者利益的最大化。电信业通过放松准入规制，从供应者的层面促进电信市场竞争。当有效竞争者进入市场后，电信监管部门将对竞争者的市场运营行为进行规制，通过价格规制、互联互通规制、普遍服务规制让市场充分竞争，使电信业、广播电视业、电信边缘产业在谋求自身利益的同时，也能为社会创造最大的福利。

第一节　面向5G时代的电信业价格规制

市场价格机制发挥作用是以完全竞争为前提条件的。当一个市场缺乏有效竞争，或是产生垄断，或是产生过度竞争，某些违反公平竞争的行为就应得到约束。价格规制成为电信市场竞争规制的主要手段之一。电信市场价格规制的主要目标是为了防止强势企业利用不正当的竞争手段获取市场利益，损害消费者以及社会的利益，同时，也为了实现社会的效率与公平。因此，就要求在保证国家利益与公众利益的同时，也要保证投资者的利益。

一、价格规制的合理性

价格是企业参与竞争的重要手段，自主定价应为企业竞争自由的重要内容。因此，价格规制为次优的选择，而非最优的制度设计。但针对电信业所涉及的企业而言，基于社会公共利益以合理价格向社会提供产品和服务为其应然义务，价格规制成为国家以效率为目的干预其行为的主要形式和必然要求，即使在竞争条件下，基于以下原因其定价权亦应受限制。

第一，消费者与电信企业地位不对等，须以价格规制为手段，防止企业获取高额垄断利润，确保消费者利益不受企业损害，尽量避免发生社会福利从消费者向企业转移的非效率社会再分配现象。对于传统的商品，消费者可以通过市场选择讨价还价等方式，对商品价格发挥较强制约作用。与“传统的商品相比，消费者却无力与电信运营商、广电以及边缘供应直接讨价还价，只能是对现行价格的全盘接受，缺乏对价格形成的直接制约能力”。① 因此，与传统商品生产者相比，电信业在位企业在交易中的优势地位愈加明显，单纯依靠一般消费者保护法律制度难以有效维护消费者权益。

第二，刺激电信在位企业提高生产效率，从而促进社会整体福利改善。规制价格仅为外观和表象，其真实功用为控制企业的利润。由于缺少外部竞争压力，三网融合的在位企业容易获得高额垄断利润，这些企业便倾向怠于改善内部治理结构、降低管理成本、提升管理效能以及通过技术创新促进企业经营绩效的提高，导致整个产业效率低下。适当的价格规制，可确保企业把绩效放在第一位，通过降低成本和技术创新来实现利润最大化。

第三，补偿电信运营商的投入，维续其发展潜力和扩大再投资能力。电信业具有较大的沉淀成本，企业从事生产经营活动，必须进行长期投资实现规模经济发展。若市场价格过低，可能导致企业亏损，甚至不得不退出市场，最终损害消费者利益。因此，价格规制就是要在企业利益与消费者利益之间寻求一个平衡点，既要防止垄断企业利用其垄断地位谋取高额利润并损害消费者利益，又要保证补偿在位企业巨额的网络建设成本，使之不至于过度亏损，最终实现企业和消费者双方利益的最大化。

第四，价格规制的权利源于电信业经营许可而获得的特殊经营权，因而有其合法性。“公共特许权的授予，一般都附带某些契约条款（至少是隐形的），作为一种交换。这些契约条款可以采取政府对企业的任何一部分或全部经营活动进行规制的形式。因此，颁给公司有限数目的特许权，并不一定像一般认为的那样，是规制的替代物，它实质上构成了实行规制的一种法律基础。”② 由

① 任军生：《中国公用产品价格管制》，经济管理出版社2002年版，第35页。

② ［美］丹尼尔·F. 史普波：《管制与市场》，余晖等译，上海人民出版社1999年版，第65页。

于电信运营商拥有并非任何企业均可获得的特许经营权，因此须在享受这一权利带来的限制竞争者无序进入好处的同时也必须接受国家的规制。其产品和服务的价格水平和价格结构规制是受规制的重要内容之一，受规制的企业负有以合理价格和规定的质量标准向社会公众提供产品和服务的义务。

第五，市场结构的非完全竞争性。传统经济学理论认为，任何市场结构都可归类为完全竞争、垄断竞争、寡头垄断和垄断中的一种，对应的市场行为、市场绩效和检验标准也因之而不同。人们普遍相信，当一个市场缺乏有效竞争，或是垄断，或是过度竞争时，某些违反公平竞争的行为应得到约束，价格规制就有存在的必要。电信业的自然垄断特性决定了市场竞争的不充分性，同时决定了价格监管的必要性。在电信业中由于支配市场的主导运营商相对于新进入者在竞争方面拥有先动优势，而且它还可能利用这一优势，特别是凭借对网络基本设施和“瓶颈”环节的垄断性控制实施阻碍竞争的策略性行为。此时，价格规制的重点就是主导运营商是否制定了不恰当的接入价格和网间结算费，以及是否采取以提高垄断性服务价格所获得的收入来补贴竞争性服务的交叉补贴做法。对于新进入企业，价格规制的重点则是实施有利于其发展的资费政策，如对网间结算价格上限的制定，使其能够尽快发展壮大起来，成为有能力与主导运营商相抗衡的竞争力量，并最终促成有效竞争局面的形成。

二、价格规制的目标

当市场不能产生竞争价格时，就需要规制者实施价格规制。一般认为价格规制的目标有三个：“一是防止垄断企业通过制定垄断价格把一部分消费者剩余转变为生产者剩余，以保护消费者利益和促进社会分配的公平和效率；二是通过价格规制，建立一种激励机制，刺激企业提高生产效率；三是保证企业具有一定的自我积累和大规模投资的能力，保持发展潜力。”① 概括来说，价格规制的目标是公平目标、效率目标和经济目标。

（一）公平目标

公平目标通常是指在社会所有成员间公平地分配利益，或说是通过价格规制促进市场公平、有效竞争。在电信的价格规制中，主要考虑主导企业与非主导企业、消费者与市场经营者、消费者之间的公平问题。

第一，主导企业与非主导企业间的公平问题。在所有的市场竞争手段中，

① 王俊豪：《自然垄断产业的政府管制理论》，浙江大学出版社 2000 年版，第 57 页。

价格竞争是一种重要的竞争手段。由于电信业的自然垄断性，在位企业有可能凭借其垄断地位，或者由于企业之间竞争能力差距悬殊等原因，使得电信市场竞争不充分。为了促进形成电信市场公平、有效竞争，在价格规制方面，电信业的初期可以采取不对称规制的方式，对主导运营企业价格进行严格的规制（如价格、资费审批等），而对非主导运营企业价格不进行规制或规制较松（如资费自行制定、不要求审批仅申报备案等）。通过采取这种向非主导运营公司倾斜的价格规制方式，以促进其快速成长，尽快形成三网融合的市场竞争格局。随着电信市场的逐步放开和竞争关系的逐渐形成，就应从实行不对称规制以培育竞争环境向实行对称规制促进有效竞争过渡。对于不正当的价格竞争行为，规制机构应实施必要的监管，以维护公平的市场竞争秩序，防止主导运营商滥用不正当定价方法，包括掠夺性定价和价格挤压方式限制市场公平有效竞争。

第二，消费者与运营商间的公平问题。这里是指在消费者与受规制企业之间的利益分配。总的原则是在尽可能不威胁企业生存的情况下，让消费者获取最大利益，并确保这种利益是可持续的。为了确保企业与消费者之间因技术进步和规模效应而带来的成本降低的效益公平分配，规制机构可以采取价格规制，让用户可以分享生产效率提高所带来的利益公平分配的方式。

第三，消费者之间的公平分配问题。这里是指在不同消费者群体之间的利益分配，主要涉及弱势群体的保护问题。价格规制被认为是在市场仍未存在充分竞争的情况下，用于确保企业的效率进步能够以降低价格的方式传递给消费者的一项主要工具。同时，价格规制也可以用于实现社会政策和公平目标，保护潜在的弱势用户群体（包括大城市和非大城市地区的居民和商业用户）的利益。

（二）效率目标

价格规制的目标体现着规制者对规制的理解与动机，而促进社会效率和企业效率的提高是政府希望通过价格规制来实现的主要目标。效率应该包括三个方面："配置效率用于反映资源的稀缺性；生产效率即一定产出水平下投入更少，或一定投入水平下产出更多；以及动态效率即资源的利用逐渐接近最高使用价值。"① 如价格上限规制，其规制不仅是通过制定上限来保护消费者的利益，实现分配效率，而且还要鼓励企业优化生产要素的组合，努力实现生产效

① 何霞：《网络时代的电信监管》，人民邮电出版社2010年版，第127页。

率的最大化。同时，鼓励主导企业在制定价格及提供业务时，对市场需求及技术的不断变化作出积极回应，鼓励企业尽最大努力提升运营效率，确保价格规制能实现既定的社会目标。

由于电信业的规模经济性具有显著的市场垄断地位，如果不存在任何外部约束机制，它们就会成为市场价格的制定者，不受市场和消费者的制约，就有可能通过滥用自身的垄断地位来维持高价，把一部分消费者利益转化成为生产者剩余价值，从而扭曲分配效率。这就要求对电信业、广播电视业和计算机互联网业产业实行价格规制，以提高企业劳动生产率，促进社会分配效率目标的实现。

（三）经济目标

经济目标是指通过价格将确保被规制运营商能获取足够的收入来维持运营及将来的投资。实际上价格规制的经济目标是为有效率的运营商设立收入“基准线”，使价格水平能够保证他们维持运营与投资的需要，这就需要规制机构制定合理的价格规制方式并依据市场变化及时对价格规制作出调整。

在实践中，价格规制目标间常常会出现分歧，因为经济、效率和公平三大目标是相互冲突的，规制者通过不同手段和方式在价格规制的实施过程中寻求目标之间的均衡。价格规制要在各个目标之间寻求平衡：关键是需要设计一套经济有效的规制方法，促进被规制者达到上述三个目标。但是有一个目标就是为了实现这些目标而产生的社会成本最低，最起码也要使价格规制的收益应当大于或等于成本。

三、价格规制的主要模式及评析

价格规制是经济性规制的主要手段之一，具体方法非常复杂。简单而言，主要有美国的公平报酬率规制和英国的价格上限规制两种主要模式。

（一）公平报酬率规制（rate of return regulation）

美国采用公平报酬率规制已有上百年历史，公平报酬率并不是由政府直接制定价格，而是由规制部门根据企业的申请以及进行市场调查后批准一个合适的利润水平，从而达到价格规制的目的。具体做法是：企业首先向规制机构提出提高价格或投资收益率的申请和详细的财务报告，证明按现行的投资收益率计算的价格太低。规制机构在经过一段时间的考察期后，确定影响价格的因素的变动情况，最终确定投资收益率，并以此作为确定价格水平的依据①。公平回报率规制可以确保企业持续实现其财务目标。

公平报酬率规制限制自然垄断企业的利润水平不得高于投资基数乘以合理报酬率减营业成本的差额，或其营业收入总额不得超过合理成本（营业支出+固定资产折旧）与合理保持的总额。其价格规制模型为：

$$R(p, q) = C + r(RB)$$

R（p，q）是营业总收入额，即价格 p 和销售量 q 的函数；C 为合理成本；r 为企业的合理报酬率；RB 为企业的投资基数。②

在公平报酬率规制下，电信运营商先向规制机构提出提高价格或报酬率的申请，规制者根据影响价格因素的变化情况，对企业提出的申请作必要调整，最后确定一定的价格或报酬率。公平报酬率规制的理论依据是企业借助其市场优势地位容易获得超额垄断利润，所以垄断企业的投资报酬率往往会高于非垄断企业的投资报酬率。“只要把垄断企业的投资率控制在一般市场的投资报酬水平，就等于控制住了价格。”③ 在美国电信业私有经营的模式下，采用公平报酬率规制得到了较好的效果：一是刺激电信业迅速发展。“公平报酬率”虽然限制企业利润率，但却没有限制企业的资产规模，企业可以通过扩大资产规模来达到扩大企业利润的目的。二是间接引导企业以公平报酬率为标准，对消费者采取不同的待遇，有支付能力者多收费，无支付能力或支付能力低者不收或少收费，在尽可能多地增加用户的基础上扩大资产规模，进而扩大盈利总量。三是增进效率，公平报酬率鼓励企业扩大经营规模，使更多的人享受信息服务。

虽然公平报酬率规制能完全弥补企业的营运成本，有吸引企业投资的功效，但不足之处亦十分明显。第一，公平报酬率规制易导致企业内部无效率。基于企业营运成本定价，企业难以产生以技术进步和管理创新来降低成本。因为企业通过降低运营成本来降低市场价格，使消费者从中获得好处，但企业自身在短期内的获利甚微。若企业的运营成本较高，运营商可以申请提高市场价格，把增高的成本转移给消费者，即这一规制方式无法形成推动企业提高效率的激励机制。不仅如此，甚至以过度分配、提高员工薪金等为手段加大管理成

① 何霞：《网络时代的电信监管》，人民邮电出版社2010年版，第127页。

② 曹阳：《网络型公用企业竞争的法律规制》，法律出版社2007年版，第122页。

③ 《新帕尔格雷夫经济学大辞典》（第四卷），经济科学出版社1996年版，第139页。

本，从而使员工获得远高于社会平均工资水平的薪酬。第二，公平报酬率会导致企业通过增加资本投入而获取更多的利润。企业为了确保能够获得绝对利润，会以扩大企业资本投入来增加收益弥补高成本，从而导致资本浪费和生产效率低下。第三，信息不对称导致价格规制失败。企业掌控生产经营状况、成本等信息，在价格规制的前提下，企业通常会尽力隐瞒相关信息，以求获取对其最为有利的规制价格。而公平报酬率规制必须以企业经营成本为基础，这一信息只为企业所拥有。因此规制者在企业虚假成本信息的误导下，所确定的价格常常偏离企业真实成本，让其获取高额垄断利润。除此之外，“由于受规制对象之边界处于动态变化过程中，被规制产业与企业的信息优势地位往往得以加强，规制者信息劣势地位也愈益明显，而拥有信息优势往往意味着能够获取更多的利益。通过直接规制并控制受规制企业的成本与收益，很难实现有效的规制结果”。① 第四，规制成本过高。按照公平报酬率进行规制，既要确定生产经营成本和正常利润（公平报酬）水平，还要调整报酬率，这就意味着企业要花费大量人力和时间成本计算投资回报的基数，然后再由规制机构审批。规制机构在审核时，也要为正确计算投资回报率基数大伤脑筋，同时必须常常举行听证会，这样就会给企业和规制机构带来巨大的成本负担。第五，公平报酬率规制的稳定性不足，因而会带来损失。在公平报酬率规制方式下，价格规制通常每年会调整一次，其规制时间相对较短，企业难以通过创新获取降低成本的利润，因而企业降低成本的激励不足。第六，公平报酬率规制赋予规制者过多的自由裁量权，易导致过高寻租成本的产生。按照公平报酬率进行规制，既要确定生产经营成本和正常利润（公平报酬）水平，还要调整报酬率。这一过程往往涉及规制者与企业之间的讨价还价，客观上为规制者的寻租创造了条件。

（二）价格上限规制（price-cap regulation）

价格上限规制是规制机构对电信业、广播电视业、计算机互联网业提供产品或服务设定价格上限，企业只能在规定价格之下进行运营活动的规制方法。价格上限规制可适用于电信市场竞争不充分的情形，实施最高限价的目的是为了提供一种与市场竞争力量相类似的激励机制。竞争力量要求运营商提高生产效率，并且愿意通过降低价格的形式将这些利益转移给消费者。价格上限规制

① 王延惠：《微观规制理论研究——基于对整体理论的批评和将市场作为一个过程的理解》，中国社会科学出版社 2005 年版，第 526 页。

的对象基本上都是国内具有市场主导地位的运营商，在实施最高限价规制中，规制机构对由主导运营商提供的基础业务实施最高限价，对于充分竞争的业务则无需规制。

价格上限规制将最高限价与通货膨胀率和生产效率结合，规制机构只规定一个最高限价，企业仍然能够在规定价格之下进行运营活动。价格上限规制的目的是要提高企业生产效率。价格上限规制采取“RPI-X模型，RPI表示零售价格指数（Retail Price Index），即通货膨胀率，X是由规制者确定的，在一定时期内生产效率的百分比。在现行价格基础上，由规制机构针对零售货物价格指数RPI，规定一个企业的调整生产效率（X），价格的上调幅度不得超过RPI-X的标准，从而确定了价格的上限。如企业本期价格为Pt，则下期规制价格（Pt+1）为”①：

$$Pt+1=Pt\ (1+RPI\text{-}X)$$

在价格上限规制中，价格取决于通货膨胀率和企业生产效率。如果RPI-X>0，即通货膨胀率大于X值，则企业可在现价基础上提价最高幅度为RPI-X；如果RPI-X<0，即通货膨胀率小于X，则企业必须降价，降价幅度最少为RPI-X。价格上限规制一方面可以防止具有垄断地位的企业利用自己的市场势力垄断定价（包括面向用户和面向其他同类企业），从而保护消费者和其他企业的利益。另一方面，价格上限只规定了一个最高价格，价格机制仍然能够在一定程度内发挥作用，也有利于调动企业的积极性。

价格上限规制模式最早应用于英国，目前，在世界范围内广泛适用。这一规制的方式的优越性在于：第一，经济效率高。价格上限规制给企业以降低成本来获取利润的高强度刺激，能够提高生产效率，它允许企业在特定时间中的一定范围内自由定价。在此期限内，企业只有通过提高生产力才能获取更大利润。因此，在设定的价格上限条件下，企业要追求利润的最大化，必须通过产业联盟、技术创新等手段降低成本以获得更多利润，从而刺激生产效率的大幅度提高。同时不会出现公平报酬率规制方式下的过度投资问题。第二，执行成本较低。企业不需要制定详细评估申请，规制机构对价格上限的调整一般以3~5年作为价格调整周期，无须类似公平报酬规制率的每年调整一次，为规制机构降低了规制成本。

当然，价格上限规制并非完美模式，同样存在不少问题。理论上，价格上限规制应当是无期限的，但在实践中，规制机构无法对将来生产效率的提高做

① 曹阳：《网络型公用企业竞争的法律规制》，法律出版社2007年版，第125页。

出准确的预测，也不可能为一个无限长的期限设定一个恰当的 X 因素，监管者通常会对最高限价方案设定一个最短期限，这个期限结束时，规制机构应当进行审查。规制机构在确定 X 值时，也有可能存在信息不对称的问题。① 在出现不恰当的 X 因素时，企业要么不能获取足够的收入，要么就是获取超额利润。因此“价格上限规制每隔 4～5 年要修改价格上限，在价格修改过程中，要充分利用有关企业的信息，包括现在和未来的预测成本、企业资产、投资计划、需求等”。② 同时，X 值的调整也赋予规制者较大的自由裁量权，从而留下了权利寻租空间，并由于在价格上展开竞争，也有可能导致产品或服务质量下降。

（三）价格规制模式的比较及选择

综合对比以上两种模式，价格上限规制的优势更为明显：（1）公平报酬率规制对企业利润率进行控制，由于企业成本处于不确定状态，并不能达到控制价格的目的。（2）在公平报酬规制之下，企业缺乏降低成本的激励，甚至有因成本过高由此带来利润过高的结果，反而有激励企业通过增大成本和过度投资来实现提高企业利润的目的，从而导致资源的浪费。（3）公平报酬率操作起来更为复杂，且每年进行调整，从而导致其直接执行成本大于价格上限规制的执行成本。（4）价格上限规制能促进企业之间的竞争，而公平报酬率规制固定了价格水平，企业无法通过价格竞争吸引消费者；价格上限规制赋予企业更多定价自由，从而解决自然垄断的价格竞争问题。价格竞争始终是企业竞争的主要手段，价格上限规制因其价格具有竞争性，则更适合垄断向竞争过渡或竞争性的企业。（5）价格上限规制有利于弥补网络效应对竞争机制形成的负面影响。三网融合中的企业所具有的网络外部性，是网络的价值与其结点数量呈指数变化。虽然互联互通技术能使小网络用户享受大网络用户数量所带来的增值服务，但由于互联互通质量需要监控，受信息不对称的影响，网络之间的服务质量常低于网络内部之间的服务质量。因而，网络较大的企业更能吸引用户，从而易产生“强者越强、弱者越弱”的结果。在公平报酬率规制模式之下，企业缺乏定价的合理自由，新进入者或非主导企业在同等资费条件下，必然在竞争中处于劣势地位。反而言之，价格上限规制赋予了

---

① 刘小兵：《政府管制的经济分析》，上海财经大学出版社 2004 年版，第 61 页。

② ［法］让·拉丰、安·易斯塔什：《网络产业：规制与竞争理论》，张昕竹译，社会科学文献出版社 2000 年版，第 38 页。

新进入者、非主导企业以价格手段吸引用户的可能性，在一定程度上消除其在竞争中的劣势。

在实践中，价格上限规制在我国的施行仍存在困难：第一，我国《价格法》是以成本加利润的定价方式进行规制，而价格上限中需要考虑的RPI（通货膨胀率）和X（生产效率），这两个因素均没有反映企业的成本，因此价格上限规制与我国现行的价格规制差距甚大。第二，5G时代电信业实行数网竞争，企业倾向于牺牲服务质量来降低价格扩大用户数量或增加利润，价格上限规制没有考虑到质量因素的影响。而且价格上限规制在激烈的市场竞争下，其激励作用在逐步减弱。第三，价格上限规制中的通货膨胀率和生产率计算的复杂性使我国的规制机构在执行中面临巨大挑战。第四，由于我国电信业监管是证监合一的模式，在没有形成完备的社会监督情形下，电信价格上限规制会使得电信监管机构为了本机构利益的最大化，在规制过程中滥用行政权力，制定的政策偏向电信企业一方，从而损害消费者的利益。

因此，对于公平报酬率规制和价格上限规制的选择，有学者主张："规制机构同时提供公平报酬率规制和价格上下规制，由被规制的企业根据需要自行选择规制方法。"① 这一建议虽然具有创见性，但我国目前电信业竞争不足的弊端非常明显。从策略上考虑应选择最能增加竞争程度的规制方法。若允许企业选择规制方法，处于利益最大化考虑，它们之间很容易通过合谋共同选择公平报酬率规制。从强化竞争的监督考虑，应结合我国的电信业发展的实际状况适度引入价格上限规制。

四、我国价格规制制度的主要缺陷

根据我国《价格法》第18条规定，与国民经济发展和人民生活关系重大的极少数商品价格、资源稀缺的少数商品价格、自然垄断经营的商品价格、重要的公用事业价格、重要的公益性服务价格实行政府指导价或者政府定价。按照《电信条例》规定，我国电信资费分为市场调节价、政府指导价和政府定价三种模式。因此，电信企业提供的产品或服务价格属政府指导价和政府定价范畴。对照我国政府指导价和政府定价制度，我国电信企业的价格规制存在不少缺陷。

① 于立、姜海春：《规制经济学的学科定位于理论应用》，东北财经大学出版社2005年版，第106页。

（一）价格规制目标不清

就电信企业产品的价格规制而言，有学者认为价格规制应充分反映“促进社会分配效率、刺激企业生产效率和维护企业发展潜力的目标”。① 也有学者认为，企业产品价格规制的目标应为实现资源合理配置；促进社会合理分配；促进企业提供效率；保证企业正常经营。借鉴上述学者的观点具体分析，价格规制目标应为：一是经济效率。就社会而言，实现资源优化配置；就企业而言，则是提供企业生产效率。二是经济公平。就社会而言，促进社会收入分配公平；就企业而言，则是维系企业之正常生产经营。经济效率和经济公平目标得以实现，消费者利益自然得到保证。我国《价格法》第 1 条明确规定价格规制的目标是为了价格资源配置的高效、市场的稳定，保护消费者和相关竞争者的合法权益，维护社会经济秩序的发展。这一价格规制的目标，承袭了我国经济立法传统，即对目标之规定千篇一律、简单笼统，难以反映特定法律之深层次意义。针对电信业的价格规制，鉴于中国移动的市场份额远高于中国联通和中国电信，2014 年工信部颁布了《关于调整公用电信网网间结算标准的通知》，对网络间互联结算费用做了调整，中国联通和中国电信对中国移动的网间结算费用由 0.06 元/分钟降至 0.04 元/ 分钟。② 这种价格不对称规制并没有明显改善三大电信运营商之间的不平衡状态，反而造成对运营商的不当激励。

（二）价格规制方法简单

电信价格以企业上报的实际成本为定价基础，根据行业主管部门提出的调价方案进行调价，缺乏审核成本的具体准则和标准。在此种方法下，由于规制部门的随意性和主观性很强，规制机构难以控制价格，对企业的价格规制并不成功。由此，上述价格规制的经济效率、经济公平目标都不易实现，企业的产品价格一直走不出“亏损—涨价—再亏损”的怪圈。其原因主要在于我国电信定价是以零售资费为基础进行定价，规制机构没有考虑到普遍服务成本和宏观调控等影响因素。并且，我国采用资费定价模式，企业上报的成本中包含有

① 王俊豪：《中国自然垄断经营产品管制价格形成机制研究》，中国经济出版社 2002 年版，第 22 页。

② 王磊：《电信网络接入定价理论与政策研究》，载《价格理论与实践》2018 年第 2 期。

垄断租金，无法正确反映市场供求关系，导致电信市场的价格扭曲。

（三）价格规制主体混乱

我国电信的价格规制机构除了工商管理局还有专门的行业规制机构——工信部、发改委。在证监合一的规制模式下，监管机构不能保证完全的中立，各部门都会从自己的管辖领域去考虑电信业的定价问题。多头的规制不利于电信的市场价格监管。如工商管理局只负责定价，而与价格密切相关的市场准入、投资和成本监控、质量检测等由专门的行业规制机构负责。因而，在这一体制下价格规制机构与企业之间的信息不对称问题非但无法解决，反而被放大，价格规制机构只能以企业上报价格为定价依据。规制机构又不参与到企业的商品、服务以及运营中的各项支出，因此无法对电信运营商提供的价格构成进行完全审查，且电信业的定价又没有法定标准，使得实际成本与定价偏差较大。

基于上述问题，根据美国、英国等国的经验，考虑我国电信市场的竞争状况及价格规制方式的特点，应摒弃企业资费定价这一简单的价格规制方法，建立适应我国电信发展的价格规制方式。

第二节　面向5G的电信互联互通规制

互联互通是5G时代电信企业竞争的前提条件之一，对实现竞争至关重要。在独家垄断的格局下，不会产生互联互通问题，在多家竞争的格局下，新的竞争者要与既有网络经营者相连才能发挥网络的外部性，而既有经营者为了保护既得利益，往往会拒绝或阻碍互联互通，使新的竞争者难以参与竞争，从而使电信全业务竞争的目标难以产生成效。因此，确保网络之间的互联互通也是电信全业务实现竞争的条件之一。

一、互联互通规制制度

所谓互联互通是指，如果同一市场上存在多个运营商，当不同运营商的用户之间希望进行联络时，在他们之间建立一个物理的网络连接，使得各方用户之间能自由通信，或一个网络用户可使用另一个网络的服务与资源。而为了达到不同运营商之间有效地运营和兼容，在网络衔接处采取一定的技术手段，使数字传输能在不同网络之间平滑过渡。

（一）互联互通的理论认知

实施互联互通规制，强制在位企业必须开放网络，允许其他网络施行双向进入，主要基于以下考虑：

第一，网络的外部性。5G 时代电信进入全业务时期，由于通信、网络视频、互联网中存在着不同网络，若相互不能连通，则会损失其最重要的网络外部性，这与电信业 5G 的全业务发展目标相背离。因此，必须强制性要求网络之间互联互通。根据 2003 年《中国统计年鉴》，互联互通后中国电信的价值增加 4.13 倍，中国联通增加 10.32 倍，中国铁通增加 254.03 倍。信息产业部曾在 1999 年对中国联通和中国电信的电话业务量做过一次调查，数据表明在两个企业间的移动网和固定电话网之间的通话量占到 90%以上，而网内的通话则不足 10%。互联互通后，网际通话增加会给网络企业带来收益增加的好处。

第二，所有权的社会性。所有权的社会化导致企业社会责任，互联互通的强制义务基于“所有权的社会责任”以法律手段“限制私人所有权”。① 一般而言，企业社会责任被理解为“企业在追求利润最大化之外，对企业的所有非股东利益相关者所负有的责任”，② 包括以下内容：对雇员的责任，对消费者的责任，对债权人的责任，对环境、资源与的保护与合理利用的责任，对所在社区经济社会发展的责任，对社会福利和社会公益事业的责任。具体而言，电信网间的互联互通义务是规模大的企业对规模小的企业的责任，在位企业对新参与竞争企业的责任，运营企业对消费者的责任和社会公共利益的责任。且这种责任并非道德上的自愿义务，而是法律上必须执行的强制义务。因而，与通常意义上的企业社会责任相比，具有较强的强制力。

第三，竞争的公平性。虽然互联互通会给企业带来正的外部性，但居于主导地位的企业处于排斥竞争的目的，往往不愿意履行义务，或者采取技术手段影响互联互通质量，从而影响竞争对手声誉。拥有基础网络的在位企业可能利用甚至人为地制造竞争对手的网络与自身网络不兼容问题，增加与现有网络连

① 王晓晔：《竞争法研究》，中国法制出版社 1999 年版，第 69 页。

② 卢代富：《企业社会责任的经济学与法学分析》，法律出版社 2002 年版，第 101~104 页。

接的难度和成本，阻止新用户加入企业拥有的网络。① 例如，美国AT&T公司曾经对电信业提出“一个网络、一个政策、普遍服务”的策略，明确把建立电信行业的垄断地位作为战略目标，利用其在长途网络方面的独家垄断优势，禁止任何其他电信公司入网。同时，大幅度压低本地业务资费、利用高额长途资费对本地业务进行补贴。从而使美国其他电话公司纷纷破产或被兼并，曾一度从6000多家减少到1500家。当时正是缺少有效的互联互通和接入费规制，AT&T才得以确立垄断地位。在我国，互联互通质量不高的问题依然存在，跨网络通信接通率不高或连通质量差的现象普遍，电信行业恶意阻断互联互通，导致网间“联而不通，通而不畅，畅而不久”的事件不胜枚举。如：诸多广电宽带的用户抱怨，在网络高峰时期网络访问速度下降的太厉害，有时候到无法忍受的地步，而电信用户却没有这样的问题。根据工业和信息化部统计，中国电信和中国联通直连宽带为261.5G，仅占两公司拥有国际出口宽带1078G的24.3%，从互联质量看，两公司2011年1~9月互联延时为87.7~131.1ms，这不符合原信息产业部《互联网骨干网间互联管理暂行规定》延时率不得高于85ms的要求。这可能是设备相互兼容的问题，但根本原因还是主导运营商故意排斥非主导运营商竞争的不当行为。因为不同网络之间的互联互通削弱了处于优势地位企业的竞争优势，排除了其对网络正效应独占或控制的权利，从而将网络正效应收益变成由不同的企业共享。② 因此，对互联互通进行规制是确保非主导企业与主导企业公平竞争的重要条件。另外，基于公平竞争的考虑，有学者认为，互联互通义务来源于反垄断法法理上的“基础设施理论”。③ 在这一意义上，可以将互联互通规制制度作为反垄断法的组成部分。但反垄断规制机构并不掌握互联互通规制所需的专业知识、技术手段和企业成本等有关信息，无法监控互联互通质量。同时，由于反垄断法的事后调整性，单独依靠反垄断法难以有效预防互联互通问题的产生，还有可能引起规制执行的不确定性。

第四，消费的方便性。若存在数个互不相连的网络，消费者必须在不同网络之间切换，才能实现与其他网络用户连接或到达其他网络连接到的需要。这

① 刘戒骄：《垄断产业改革——机遇网络视角的分析》，经济管理出版社2005年版，第29页。

② 郑宝奇编著：《从垄断到竞争——电信行业规制理论与实证研究》，人民邮电出版社2005年版，第101页。

③ 杨嘉雯：《简介电信自由化后符合公平合理原则之接续费计算基准》，载《经济法论丛》2001年第28期。

就会带来消费上的不便利性，导致不必要的浪费。欧盟的互联互通指令的规定，无论网络运营的安全性，还是网络维护的完整性，都不能成为成员国拒绝互联互通的合法理由。① 互联互通非常重要，已成为企业的强制义务。

（二）互联互通的实现形式

三网融合中企业可以采用协议、仲裁和规制等形式实现互联互通。

第一，按照契约自由原则，签订互联互通协议。例如，“台湾电信总局”制定的“第一类电信事业网路互连管理办法”第10条规定：“第一类电信事业网路互连时，得依双方之协议决定网路互连相关设施之设置、维修、场所及相关费用。”因此，互联互通原则上由经营者自行协商决定网络接点的设置、互联互通相关设备、维修、场所及互联互通的相关费用。② 若5G电信运营商企业数量较少，在实力相当的情况下，容易达成协议。但这一形式有三大缺点：（1）若企业数量较多，相互之间协商成本较高，难以在短期内达成协议。长期的协商、谈判，可能带来过高交易成本，不利于维护主导企业和消费者的利益。（2）企业实力悬殊，主导企业往往拒绝以合理条件与其他企业互联互通，即使企业间能够达成互联互通协议，其条件也是不对等的。（3）若企业在竞争中形成均衡地位，相互之间为获取较高服务价格，易合谋抬高接入费，从而抬高经营成本，达到向消费者收取高额服务费的目的。

第二，达成仲裁协议，由仲裁机构进行仲裁。在互联互通进行到某一阶段陷入僵局时，外部的干预就显得比较重要。此时，将互联互通争议提交仲裁机构进行仲裁就颇有意义，且这一形式相对公正，不易受到利益集团俘获的影响。但也有两方面缺点：（1）电信业的互联互通协议具有很强专业技术性，仲裁机构不具有掌握信息技术知识的专业人士；（2）在仲裁机制下，也可能出现企业相互串通抬高接入费损害消费者利益。

第三，强制性赋予互联互通义务，在规制机构规制之下实现互联互通。在互联互通的双方谈判过程中，常常会对互联互通谈判指导原则的具体解释产生分歧或异议，这样就会使互联互通谈判陷入僵局，拖延互联互通的谈判进程，此时，来自规制机构进一步的干预就显得尤为重要了。例如：日本《网间互

① Christian Koenig, Andreas Bartosch and Jens-Daniel Brawn, *EC Competition and Telecommunication Law*, Kluwer Law International 2002, p. 402.

② 江耀国、周韵采：《有线电视与电信产业汇流之法律问题研究》，载《政大法学评论》2008年第70期。

联基本原则》规定："指定运营商有义务提供非捆绑网络的最小元素，包括用户网络的接口装置（装在用户侧的用户线路终端设备）、本地用户线路（在本地交换设备和网络接口设备之间的传输设备）、本地交换设备、汇接交换设备、本地传输设备、本地交换设备之间的传输设备、局间传输设备（本地交换设备和汇接交换设备之间的传输设备）等设施。"①

（三）互联互通的规制原则

妨碍互联互通的行为，通常是主导企业利用其拥有网络的优势地位排斥或限制市场竞争，其行为可归于滥用市场支配地位，由反垄断法规制。但互联互通的专业性强，因此必须由专门的行业法律进行规制。特殊条件下，非主导企业也可能提出超过合理标准的要求，形成对主导企业过高的互联互通成本。在上述两种情况下，规制机构都应采取强制措施处理，规制互联互通需遵循以下的原则：

第一，非歧视的公平接入。即在技术标准、接入费用、互联质量、互联时限等方面，企业应对不同网络提供同样的条件，而不论网络是否为自己所有，不得以任何理由歧视任一网络。严格禁止在价格、条件上，对任何接入方、消费者有任何歧视性待遇。

第二，经济效率。即促进网络服务的使用者有效使用网络设施；促进网络所有者在降低成本的同时，对网络进行投资和维护；在基本设施和服务领域形成有效的市场准入。②

第三，有效竞争。即互联互通能确保企业之间相互竞争，防止任何一个企业利用互联互通进行不正当竞争或限制竞争行为。

第四，信息公开。即规制机构应公开与互联互通有关的规制措施，企业之间争议的裁决，以及其他影响现有和潜在企业公平参与互联互通的信息。欧盟97/33/EC指令第6条、第7条对信息透明和公开作出了规定。具有实质性市场支配力的企业有义务向潜在的互联互通合作者提供谈判互联互通协议所需要的所有信息和技术细节；且互联互通协议还应报送规制机构，同时根据有关利益主体要求而提供。规制机构公开时虽然必须删除与协议各方商业策略有关的

---

① 王文宇：《公用事业管制与竞争理念之变革》，载《台大法学论丛》第29卷第4期。

② ［法］让·拉丰、安·易斯塔什：《网络产业：规制与竞争理论》，张昕竹译，社会科学文献出版社2000年版，第132页。

合同条款，但无论如何，互联互通资费、条件和条款，以及普遍服务义务等细节必须公开。① 信息公开可有效防止主导企业以保密协议为手段，向竞争者提供不利的互联互通条件，如限制业务功能、收取高额费用等，阻碍竞争者的公平竞争。

二、互联互通资费规制模式

网络的互联互通既是电信业、广播电视业和计算机互联网业展开竞争的基本条件，也是调整市场竞争关系的杠杆。通过收取互联互通的资费能够收回互联互通服务的边际成本，同时，还可以利用接入费来控制市场竞争程度。

互联互通资费即接入费规制是指规制两个或两个以上网络因互联互通产生的费用和渠道收益的分配方法。接入费虽然因互联互通引起，但其测算和确定在技术上更为复杂，很难通过谈判达成协议。互联互通主要涉及技术问题，接入费直接关系企业的经济利益。若完全由企业自行决定，则可能导致主导企业、实质支配市场的企业和影响市场的企业对弱小企业利润的剥夺，或产生企业之间相互合谋抬高价格的问题。因此，应由规制机构确定接入费用，其意义在于公正性，但这不可避免地带来一定的复杂性。如果接入费太高，必然形成事实上的市场准入壁垒，并进一步巩固主导企业、实质支配市场的企业和影响市场的企业的垄断地位，导致无效率的产业融合或资源的浪费；但若接入费用过低，会促使主导企业、实质支配市场企业和影响市场企业阻扰或拒绝竞争者接入网络，并怠于履行维护、更新网络设施职责，新进入者更可能缺乏建设自有网络的积极性。必须设计合理的接入费确定规则，确保企业公平竞争。接入费主要包括物理连接费和接续费，其对应的接入费的规制主要包括物理连接费规制和接续费规制，接入费的规制应符合公平合理原则，不得为差别原则。

（一）物理连接费规制

物理连接费是指网络在一定接口互连时所需互连设备购置价款、人工费等。通常而言，在竞争性市场上，特别是实力对等的企业间应共同分担物理连接费。但在许多国家，主导企业往往不承担物理连接费用，而由非主要企业全部承担，因二者在网络规模和用户数量上存在巨大差异，非主导企业能从互联中获益更多。根据工信部《公用电信网间互联管理规定》第 18 条、第 19 条，

① Christian Koenig, Sascha Loetz, *Framework for Network Access and Interconnection* , Kluwer Law International , 2002, p. 397.

我国电信业互联互通的物理接入费主要采取共同分担办法。从实质公平的角度来看，平均分配和由非主导企业全部承担都不够合理。而根据收益程度按比例承担，可实现实质公平，但却存在测算难度大的问题。基于物理连接费较少，且是一次性费用，即使分配稍有不公，也不会造成太大损失。平均分配的办法，操作简便，监控成本低，也确保了相对公平。

（二）接续费规制

接续费是一个网络运营商通过另一个网络运营商的网络向消费者提供服务时，应向被使用运营商支付的费用。接续费名义上为费，实际上是在企业之间分配的网际交易收益。接续费占据互联互通接入费的绝大部分，相互之间争议较大，是互联互通资费规制的难点所在，需要规制机构干预。根据欧盟对电信含义的互联互通有关指令,① 接续费需由以下构成要件组成：接续费基于客观标准，同时应具有透明性和非歧视性。② 接续费分配的规制方法有以资费为基础的规制和以成本为基础的规制两种方式。

1. 以资费为基础的规制

即把使用其网络的另一家企业视为最终消费者，按照消费者的资费标准或由规制机构另行规定类似资费标准收取接续费。日本、芬兰、新西兰等国曾用或正在使用这一方法，其优势在于方法简便易行。但这一规制方法的缺点是与网络运行成本无关，主要取决于主导企业的资费结构和标准，主导企业会以此为手段，形成对非主导企业的不正当竞争。根据原信息产业部《电信网间通话费结算办法》第3~6条规定，我国对涉及固定电话的接续费实行以法定资费为基础的规制，而对移动电话之间的互联接续费采取契约自由原则。这一规制方法虽然简便，但欠缺科学性。

2. 以成本为基础的规制

即以互联互通成本作为分配接续费的基础。这一方法比前述方法公平，有利于减少重复建设，提高经济效率，形成公平竞争的环境，但操作更复杂，需要规制机构直接监控企业的账务、成本。主要有以下方法：（1）完全分摊成本法（full distributed cost rule）。将被企业使用的网络设备的资本投资、维护、

---

① Aricle2（8）of Directive 90/387/EEC, Paragraph No. 3 first indent of Annex of amended Directive 90/387/EEC, Article 7（2）of Directive 97/33/EC.

② Christian Koenig, Andreas Bartosch and Jens-Daniel Brawn, *EC Competition and Telecommunications Law*, Kluwer Law International, 2002, p. 376.

管理及营运所发生的所有成本单独分摊到每一个消费单位，再设定为应收益的资费。完全分摊成本无法产生有效率的价格与竞争，且分摊复杂，主观随意性大。（2）增量成本法（incremental cost rule）。将企业因网络被其他企业使用所追加的维护、管理及营运成本以单价分摊，再设定为接续费。这一方法能让主导企业产生降低成本的激励，有利于促进竞争减少，形成较低的接续费。但缺点是主导企业可能难以完全收回网络投资成本，因而可能产生阻碍互联互通的动力。（3）有效元素定价法（efficient component pricing rule）。将企业对竞争者开放网络所损失的利润（即机会成本）加入增量成本（因网络被其他企业使用所追加的维护、管理及营运成本）之中，再以单价分摊的方式设定接续费。这一方法对网络被使用方而言较为合理。但若其为主导企业，因其获取高额垄断租金，收益不会受到损害，且新进入者无法对其形成竞争压力，从而导致社会整体无效率。（4）增量成本加成法（incremental cost plus rule）。"即在增量成本（因网络被其他企业使用所追加的维护、管理及营运成本）上加上一定比例的加成（mark-up），再以单价分摊方式设定个接续费。这一方法确保企业的网络投入能得到补偿，又可避免过分向其转移收益。目前，这一方法使用最为广泛。"①　（5）全要素长期增量成本法（total element long run incremental cost rule）。长期增量成本是指在长期（通常为5~10年）发生特定增量时产生的增量成本。所谓全要素长期增量成本法，即以提供网络的企业现有的设施条件和业务的预期成本为基础，基于目前的技术条件，估算为提供互联互通服务而增加的成本。美国联邦通信委员会对互联互通接入费的规制采用此种方法。全要素长期增量成本法具有以下特性：一是以未来成本为导向。将每个网络要素细化后，以现代技术水准的角度，计算其合理的成本，排除了沉淀成本。当存在技术革新时，这一方法计算出的接续费低于历史成本。二是以最有效率生产方式所计算出"最小化成本"，将所有生产要素假定为可变的条件下所计算的"长期成本"。三是平均成本，所算得的成本以考虑各种对细分化要素的需求后，所加总计算的"平均成本"。② 全要素长期增量成本以当前的技术确定最有效率的成本标准，有利于形成较低接续费，促进竞争。缺点是需要准确的数据信息、人工估算工作较多，因而主观性明显，可能降低主导企业互联互通的积极性，无形之中增加了规制成本。

① 白永忠：《电信业热点法律问题透析》，法律出版社2003年版，第435页。

② 刘崇坚：《市内电话用户赔赂开放问题分析》，载《经济法制论丛》2005年第35期。

综上所述，以成本为基础的规制明显优于以资费为基础的规制。但以成本为基础的规制方式较为复杂，不可避免地为规制机构带来执行的难度。如果接入费太高，必然形成事实上的市场准入壁垒，并进一步巩固主导企业、实质支配市场的企业和影响市场的企业的垄断地位，导致无效率的产业融合或资源的浪费；但若接入费用过低，会促使主导企业、实质支配市场企业和影响市场企业阻扰或拒绝竞争者接入网络，并怠于履行维护、更新网络设施职责，新进入者更可能缺乏建设自有网络的积极性。规制机构必须设计合理的接入费确定规则，确保企业公平竞争。

三、我国电信互联互通存在的问题

电信网间的互联互通是衡量我国电信市场开放的首要条件。1995年6月，我国发布了《联通GSM网与共用通信主网网间互通中继方式和接口局交换设备规范书》，开创了电信业互联互通规制先河。但又由于原邮电部与原中国电信的利益相关性，作出了许多不利于新进入者公平竞争的规定。1998年信息产业部成立后，修改和调整相关规范，向有利于联通与中国电信公平竞争的方向迈出了一步。1999年，信息产业部先后法布了《新建国内长途电话网与其他电话网间互联技术规范》《电信网间互联管理暂行规定》《电信网间通话费结算办法》《陆地蜂窝移动通信网络与其他通信网网间互联技术规范》等规定。在《电信网间互联管理暂行规定》中规定了互联网间费用分摊结算分配方式，明确了互联互通双方的责任。2000年国务院《电信条例》将电信网间互联互通写进条例，明确电信网间的互联互通应遵循公平公正，相互配合的原则；规定了主导运营商的互联互通义务；指出互联互通的网间协议应在遵守主管部门规定的基础上进行协商。2001年信息产业部《公用电信网间互联管理规定》，规范了互联互通网间结算制度，加强了网间互联互通的管理制度。这些法律法规较为具体地规定了互联互通的适用范围、原则、目的、义务等，基本形成了电信行业互联互通的制度框架。同年，信息产业部制定了《电信网间互联争议处理办法》，对互联互通中出现的争议，该办法以注重协调，及时处理的原则，进行自下而上的处理方式。此外，我国入世议定书对电信企业的互联互通义务也作出了规定，确保在任何技术可行的情形下，在网络上与主要服务提供商建立互联。提供这种互联应：（1）以非歧视的条款、条件（包括技术标准和规范）和费率，且质量不低于主要提供商向其类似服务或非关联服务提供商提供的类似服务，或向其分支机构或其他关联人提供的服务；（2）以及时的方式，根据透明、合理和考虑经济可行性的条款、条件（包括技术标准和规范）和依据成本完全实行分类定价的费率，以便提供商不必支付其并未要求提供服务的网络部分费用；（3）应要求，在向多数用户提供的网络之外增设端口时，收费应根据反映必需附加设施建设成本的原则。同时，还对互联的谈判程序、安排的透明度、争端解决等作出了规定。① 即使如此，电信网间的互联互通问题并没有得到完全解决。随着电信5G技术的来临，电信的全业务运营，使得电信企业间的竞争更加激烈，主导运营商拒绝网络互联、索取高价的现象突出，即使通过高价获得的互联互通其质量并不高，恶意阻碍互联互通等问题比较严重。因此，5G时代的电信网间互联互通的规制就尤为重要。但目前我国对互联互通的规制还存在诸多缺陷。

（一）互联互通资费的结算方式缺乏公平性

目前中国互联互通面临的主要问题是互联骨干网的结算价格。一方面，付费互联单位在呼吁降低结算价格，而结算价格会直接影响网间扩容和通信质量。付费的一方，由于目前互联互通结算费用较高，互联互通需占用大量的宽带流量，再加上经营模式的局限，使得部分互联企业无法从互联互通中获得期望的收入和盈利。因此他们通常不愿增扩互联带宽，影响了网间通信质量。电信进入全业务时期后，问题尤为突出。虽然在位电信运营商的客户可以开放网络，使其广播电视运营商通过互联互通接收电信网络信号，获得视频电视、媒体信息传播平台，广播电视运营商的客户可以使用广播电视网上网。但是由于我国网间的互联互通结算方式是以资费进行核算，这种方式虽然比较简单直接，但是成本费用难以计算，容易导致互联互通的接入商支付高额的结算费用，如：歌华有线、东方有线、天威视讯等广电宽带发展比较好的地区无疑面临高额的结算成本，基本占其40%以上的收入。广电戏言，“基本是跟电信打工了，而且是血汗打工仔”。

另一方面，互联互通义务是规制机构强加给主导运营商的。虽然互联互通能够给主导运营商带来收益，但是与新兴运营商实施互联互通后，其减少的市场份额相比，主导运营商宁愿选择后者。由于互联付费方同主导运营商的互联互通谈判力量悬殊，签订的互联互通的合同也是“一边倒的”“低效率的”“高成本的”。而“这些高额的成本又最终会转嫁到消费者身上，结果是抑制了社会对互联网的需求，有悖于形成开放、公平竞争的典型市场竞争格局，延

① 中国入世协定书翻译组：《中国入世议定书》，上海人民出版社2001年版，第231页。

缓了国家信息化发展战略的推进速度”。①

（二）互联互通质量不高，缺乏法律监控

目前，我国《电信条例》将互联互通规定成为一种强制义务，虽然现在电信企业之间都提供网间的互联互通，但总体来看网间的互联互通质量令人担忧。在现实中，主导运营商网络内部的通信畅通无阻，而网间互联中通信严重不畅的情况却时有发生，最突出的问题是“联而不通、通而不畅、畅而不久”的问题。虽然工信部要求，电信业务经营者应当保证网间通信质量不低于其网络内部同类业务的通信质量。但《电信条例》对互联互通规定过于笼统不利于实际执行。另外，工信部对电信互联互通出台了一系列的文件，其他相关部门制定了一些红头文件，但是，这些文件规定立法层级低缺乏权威性。除此之外，现有的这些文件规定之间对互联互通的规制存在着监管空白，如1999年颁布的《电信网间互联管理暂行规定》，虽然此规定对互联互通的技术规则做了说明，但基于5G时代对网络互联互通的要求明显提升，二十多年过去了，科学技术日新月异，但此规定并没有做相应完善，显然不利于现在电信互联互通的开展。

（三）拒绝或妨碍互联互通的法律责任缺位

从2001年工信部出台的《电信网间互联争议处理办法》中可以看出，我国对互联互通的争议的解决主要依靠行政部门的行政手段。这主要是由于我国电信业的历史发展形成的证监合一的监管模式造成的。在缺乏独立规制机构的模式下，规制机构很难放弃对电信在位企业的保护，或是放弃自身超出电信市场利益、消费者利益，保持完全中立的角色。从维护电信市场公平竞争的角度出发，行政协调方式的救济手段不仅低效，而且造成拒绝或妨碍互联互通的民事责任、刑事责任的缺位。囿于互联互通法律责任的缺位，使得违反互联规定的企业违法成本过低，导致实践中人为中断网间互联的恶性事件时有发生。另外，法律责任的缺位，也使得法律救济途径单一，主导运营商破坏互联互通的行为时有发生。主导运营商通过自身的网络优势，恶意提高竞争对手、市场潜在进入者的市场进入成本，破坏电信市场公平竞争格局的形成。按照《电信网间互联争议处理办法》，相关企业只有通过行政协调这一途径保护自身权

① 中国联通互联网与电子商务部：《中国互联网网间互联现状、问题与分析》，载《人民邮电报》2003年6月19日。

利。缺乏诉讼的救济途径，使得具有权威性的司法部门无法肩负起电信5G进程中维护公平竞争秩序、权威性分配网络资源的重担。

第三节 面向5G的电信普遍服务规制制度

随着信息技术的更新和经济水平的提高，普遍服务的范围不仅限于电信服务，许多国家也将互联网宽带服务纳入普遍服务的范围。对电信业的普遍服务规制，不仅是由于“网络的外部性”，更是基于社会本位之应然。电信的普及不但对用户有利，更有利于促进经济发展、社会公平。普遍服务通过各种有形和无形的补贴为“高成本”地区提供“可承受”的信息服务资费，而这种义务无法依赖利润的驱动，只有依靠强制性义务。这也是对电信业普遍服务规制的合法性所在。

一、普遍服务的目的和方式

普遍服务，是指不论消费者所处地区如何，均有权以合理价格获得企业提供的基本服务，企业有义务确保网络覆盖全部用户，就特定基本服务项目以合格的质量品质和可负担的合理价格，向提出申请的所有用户提供服务。有的学者认为：“普遍服务义务是收入在个人之间或地区之间重新分配的重要工具。换句话说，就是商业用户补贴住宅用户，城市用户补贴农村，长途业务、增值业务和无线业务补贴固定的本地业务。”① 还有学者认为：“普遍服务的目的在于确保公民最基本的通讯权利，它是一种普遍人权，其政治性要高于经济性。”② 对于规制者来说，普遍服务的目的就是通过各种有形和无形的补贴，使“高成本”地区的信息资费“可承受”，即低于成本。

一些国家政府认为评估电信服务是否应当纳于普遍接入项目之中有些太早。事实上，随着高科技技术的发展，普遍服务已经逐渐扩展到互联网、宽带等相关业务领域。在亚太地区，日本、韩国、马来西亚、新加坡已经宣布支持宽带普遍服务计划。美国在1996年《电信法》重新定义了普遍服务，明确规定普遍服务的应该是动态的，将宽带纳入到普遍服务实施的进程中。在发展中国家和电信普遍接入水平较低的国家，互联网信息技术已被证明能够通过其增

① ［法］让·雅克·拉丰、让·泰勒尔：《电信竞争》，胡汉辉等译，人民邮电出版社2001年版，第14页。

② 唐守廉：《电信管制》，北京邮电大学出版社2001年版，第268页。

强通信的可用性和承受度而促进接入水平。事实上，电信的全业务服务覆盖至农村地区会具备拥有更多用户的潜力。

普遍服务包括三方面要求：（1）可获得性。企业必须在承担普遍服务的区域内为每一个需要服务的消费者提供相应的服务，并维系继续服务，不符合法定条件、未经规制机构批准，不得擅自停止服务。（2）非歧视性。即对任何人在任何时间、任何地点都必须提供无差别的服务。（3）可承受性。价格水平要保证用户能够承受，这隐含着向特定消费者低于成本提供服务。普遍服务与企业公益性目标有必然联系，实质上有利于弱势群体再分配，包括低收入阶层、残疾人、老年人和交通不便的农村消费者等需要社会保护的弱势群体，以避免资费大幅度上涨给他们带来不利影响。正如有台湾学者所言，“资讯富者（information rich）与资讯贫者（information poor）之间存在数位落差（digital divide）问题，即存在于科技拥有者与匮乏者之间的差距（gap），将信息服务归类于民生必需品之结果，普及地提供消费者等价及等质之基本民生服务，成为减距数位落差之重要原则”。① 在更深层次上来看，普遍服务应为基于社会本位的应然之义。因此，现代各国电信法对普遍服务有所规定，公益性目标是重要原因，但不是最根本的经济根源。网络的外部性才是支撑普遍服务的内在经济动因，即通过普遍服务增加网络用户数量，不仅利于弱势消费者的福利，更是对网络价值的扩张，从而形成消费者与企业双赢之结果，否则，普遍服务义务难以被企业所接受。

从普遍服务的产生来看，与企业的自然垄断性有很大关系。传统上，在垄断的市场机制下，普遍服务通常依靠交叉补贴来实现，即以高利润服务弥补亏损性服务来实现普遍服务。例如，美国AT&T提出普遍服务的根本目的在于夺回其因专利权到期而失去的垄断地位。在20世纪50年代，由美国电报电话公司（AT&T）承担普遍服务义务。为了保证AT&T的经济利益同时使本地用户能够承担电话资费，美国联邦通信委员会（FCC）允许AT&T采用业务间、地区间和用户间的交叉补贴方式。“我国长期存在东部地区补中部地区、国际电话补国内电话、长途电话补市内电话、城市电话补农村电话的现象。”② 可以认为，在垄断市场结构下，交叉补贴是实现普遍服务的主要形式。居于垄断地

① 彭心仪：《由资讯通信法制之发展趋势论数位落差之消弭》，载《经济法论丛》2002年第29期。

② 王俊豪：《加入WTO与政府管制改革》，载迟福林主编：《走进WTO的中国基础领域改革》，中国经济出版社2002年版，第396页。

位的企业可据此在特定区域、特定服务上获取高额利润，但却附带着以此高收入弥补特定区域、特定服务因成本过高或消费者承受能力有限而低于成本定价导致亏损，从而形成高资费服务于低资费服务之间的交叉补贴。

目前世界各国促进普遍服务的机制主要有强制服务义务、交叉补贴、政府直接补贴和普遍服务基金：

第一，强制服务义务。规制者通过设定经营许可证等条件对入网企业强制性实施普遍服务。这种方式虽然对网络运营商非常有效，但也会对新进入者造成负担。因为作为新进入者的强制性义务显然会带来不公平竞争的问题，有可能防碍竞争。新竞争者的实力相对较弱，难以与既有企业竞争，若必须承担收益较低或甚至亏损的普遍服务义务，竞争中的弱势地位将更加突出。

第二，政府直接补贴。政府直接补贴会带来两个问题：一方面，因财政负担过重，导致政府难以维系。普遍服务常呈现项目不断扩张、地区不断增加的趋势，若全部依靠财政补贴，会对财政形成巨大负担。特别是部分项目维系营运费用较高，易导致财政收支不平衡危机。另一方面，因补贴自由裁量权的产生，会诱发腐败的产生。有关决定补贴的规制机构，可能在补贴对象、补贴方式、补贴标准、补贴时限等问题上有较大自由裁量权，诱发企业的权利寻租，导致不必要的规制失败，并因特定企业获取过多补贴，产生不公平竞争问题。

第三，交叉补贴。交叉补贴，是指企业为保持收支平衡而将特定部门的成本归属或转嫁到其他部门，借用其他部门的盈余补贴该特定部门损失的情形。从事交叉补贴行为的企业具备两个特征：一是企业提供的服务项目长期出现盈亏不平衡情形；二是企业内部各部门间以不合理价格或报酬进行内部交易。①交叉补贴主要表现为三种形式：（1）不同业务之间的补贴。即以盈利业务补贴亏损业务，通常用需求弹性较高业务的盈利弥补价格弹性较低业务的亏损。如电信的长话补贴市话。（2）不同区域之间的补贴，通常以城市补贴农村。（3）不同用户之间的补贴，通常以商业用户补贴居民用户。在第一种情形下，很容易形成企业排斥竞争对手的不正当竞争。

实际上，交叉补贴会与竞争机制发生冲突，在竞争环境下通过交叉补贴来维系普遍服务弊端重重。（1）允许交叉补贴易诱发主导企业产生不正当竞争。在网络竞争型、垂直整合型结构下的企业，基于基础网络资源的高收入补贴网络增值服务或产品的竞争性业务，从而为其赢得竞争优势，形成对于非主导企

① 刘华美：《电业自由化与竞争法——欧盟、德国及台湾之发展》，载《政法大学评论》2002 年第 72 期。

业的不正当竞争。(2) 交叉补贴可能导致无效率的市场进入，进而导致过度竞争。由于价格独立于成本，交叉补贴会扭曲消费和投资决定，导致过多的资本和市场主体进入。① 在供给远远大于需求的情形下，因企业的高额投入，易演变为过度竞争。(3) 新进入者会用“挑奶皮”竞争的方式，使仍然承担普遍服务义务的原有企业在竞争中处于劣势地位，从而导致对普遍服务的投入不足，使得普遍服务机制难以为继。“挑奶皮”的原意是：仅挑出牛奶温热后上面那曾富有脂肪的美味部分来吃。即新竞争者为了获取高额利润，在收益较高的地区（如城市）及高收益的服务项目上展开竞争，而不进入低收益的亏损地区或领域。原有企业为了维持竞争优势，也会怠于提供普遍服务。(4) 交叉补贴会扭曲社会分配效率。特定地区或特定项目的消费者承受过高价格，特定地区或特定项目的消费者享受过低的价格，即使对于有钱的用户也是如此，由此形成消费者之间收入再分配的扭曲。

由此可见，在垄断条件下实现普遍服务的交叉补贴手段，在竞争环境下却演变为阻碍竞争或不公平竞争的诱因。为确保竞争的展开和企业的公平竞争，应禁止企业的交叉补贴行为。不过有学者对此提出异议，认为“禁止交叉补贴损害了业者的范围经济，同时阻却其搭售服务的可能性，消费者也因此无法享受到便宜的套餐服务，非社会可欲境地”。② 即使这一观点成立，在范围经济损失与公平竞争之间必须作出抉择。两害相权取其轻，对比二者的收益，显然禁止交叉补贴确立的公平竞争机制所带来的社会福利远远超过范围经济所能给消费者的福利。

第四，普遍服务基金。普遍服务基金目前主要来源于对市场经营者的收费，同时也接受社会捐助、财政补贴、特许权许可等方式，基金通常由规制机构授权的中介机构进行管理。普遍服务基金透明度较高、资金来源稳定、规模容易控制，有利于促进企业竞争，是提供定向补贴用于扩展或支持不具有经济可行性的业务的最佳方式。在电信垄断时期主要是通过交叉补贴方式实现普遍服务，进入5G时代的电信业，竞争机制更为充分，通过建立普遍服务基金来推动电信市场竞争普遍服务规制的方向。

二、我国普遍服务的发展历程

第一阶段：1998年前，中国电信承担普遍服务义务。自20世纪80年代

① 曹阳：《网络型公用企业竞争的法律规制》，法律出版社2007年版，第145页。

② 江耀国、周韵采：《有线电视与电信产业汇流之法律问题研究》，载《政大法学评论》2003年第70期。

中期以来，随着中国电信业的快速发展，农村通信一直被我国政府所重视。电信普遍服务由中国电信业的垄断者——中国电信，以独家交叉补贴的方式承担，补贴用于农村和高成本地区，并不包括城市低收入人群。

第二阶段：1998—2003 年，南北两家固话运营商承担义务。早在 2000 年的《电信条例》就规定了我国电信业的普遍服务义务，其中第 44 条明确规定普遍服务的方式、承担普遍服务的范围以及普遍服务费用的补偿办法。只是《电信条例》的规定都是原则性的，在实践中针对的只是电信业，在广播电视业和互联网业的互联互通还是空白。随着我国三网融合的推进，竞争机制的引入，中国电信破除垄断，进行拆分重组，先拆分出中国移动后又南北拆分，将北方网络划给网通，中国电信的高额利润及垄断难以持续。我国农村通信市场经营中面临的困难是农村通信投入大，建设成本高，通过内部交叉补贴实施普遍服务难以继续。因此，中国电信逐步减少农村通信投资，普遍服务发展明显放慢。除少数发达地区的富裕农村外，我国多数农村地区的经营状况不佳，特别是西部地区尤为突出。“截至 2003 年年度，我国未通电话的行政村比例为 10.77%。7 万个未通电话的行政村，90%以上集中在中、西部欠发达省份。”①

第三阶段：2004 年至 2008 年 4 月，六家电信运营商共同承担。为了完成“十五”规划的村通目标，2004 年年初，依照《中华人民共和国电信条例》的规定，原信息产业部发布了《农村通信普遍服务——村村通工程实施方案》，决定采用“分片包干”的办法推动行政村“村村通电话”工程，以实现 2005 年 95%的行政村通电话的目标。② 其基本做法就是把没有通电话的 4 万个行政村在六大运营商之间分配，每个运营商承担“普遍服务任务量”，它的大小是根据运营商的业务收入和利润情况来对“分片包干”任务进行分配的。“村村通”工程不仅包括提供话音服务，还提供互联网接入，这已成为目前普遍服务的主要方式，为完成“十五”及“十一五”普遍服务的目标作出巨大的贡献。

我国在 2004 年开始村通工程试点以来，将实施范围界定为“行政村的通电话”，但从 2006 年开始，将实施范围向自然村和互联网延伸。③ 在“十一五”规划中，也将普遍服务的目标界定为基本实现“村村通电话，乡乡能上

① 何霞：《网络时代的电信监管》，人民邮电出版社 2010 年版，第 156 页。

② 参见《信息产业“十一五”规划》。

③ 《关于 2006 年度自然村村通工程和电信企业推进农村信息化试点工作的指导意见》（信电部〔2006〕396 号），2006 年。

网”。我国在“十一五”规划中提出了“乡乡能上网”工程，该工程的核心就是在有条件的乡村增设互联网信息点。通过农村信息化试点，推动乡镇上网，构建和完善农村信息服务平台；探讨有效模式，为全国推进农村信息化打下基础。

长期以来，中国的普遍服务的义务主要是通过电信业交叉补贴的方式予以实现，其具体操作是“长途电话补贴本地电话、国际电话补贴国内电话、城市补贴农村、商业用户补贴住宅用户、其他用户补贴低收入用户以及向用户收取长途附加费及初装费的方式实现普遍服务”。① 这种普遍服务体系存在缺乏健全的电信普遍服务成本管理办法和电信普遍服务基金配套措施的问题。即使采用行政办法解决了网络建设问题，也存在网络营运和维护成本的补偿难题。随着电信业的发展，电信产品的趋同，市场竞争日趋激烈，使得电信不再拥有其优势地位，传统的交叉补贴方式已经不能适应现代市场发展的需求。电信业、广播电视业和计算机互联网业导入竞争机制，“理性经济人”的本性使运营商极易将目标锁定在高端用户和利润较高的城市市场，而排除不经济的地区或边远地区。这种“挑奶皮”的策略会造成经济落后的农村和弱势群体无法享受普遍服务。所以，在引入竞争后，普遍服务面临严峻挑战，需要加以严格监管。尤其是对于我国重要“城乡二元”的特征极其明显，社会经济发展不平衡，正致力于通过实施全面小康社会建设与新农村建设等战略来消除贫困、实现数字现代化的国家而言，应高度重视普遍服务的实施与规制。

① 黄海波：《电信管制：从监督垄断到鼓励竞争》，经济科学出版社2002年版，第104页。

第五章　电信业限制竞争行为的救济：竞争规制分析

有学者基于电信业的自然垄断特性而将它们纳入反垄断的适用除外领域。随着规制革新观念的推展，法律制定者认为有效竞争可以用规制的手段创造出来，由此，西方国家开始放松规制，世界各国将反垄断法对自然垄断行业的“适用除外”转变为“一般适用”。电信5G的商用推动了电信业的全业务经营，必然带来电信市场打破垄断、引入竞争、提高效率的局面。因此，对电信业应无一例外地适用反垄断法。从我国电信业发展史上看，由于深受计划经济的影响，使它们长期处于自然垄断的状态，政府往往通过制定专门的行业法进行监管。从目前世界上制度较完善国家的反垄断法相关规定中可以看出，在对电信规制放松后，为反垄断法留出了更多发挥作用的空间，放松经济性规制所产生的“权力真空”，必须由反垄断法来填补。

第一节　电信业反垄断的价值目标

美国著名法学家博登海默曾说过：“任何值得被称为法律制度的制度，必须关注某些超越特定社会结构和经济结构相对性的基本价值。”① 法律基于满足社会的需要而产生，法律价值自然是法的精髓所在，寓于法律之中。因此，在变动不定的法律条文背后，总是沉淀着一些立法的基本精神。这些基本精神指导着法的制定、修改以及实施，因此法的价值取向是任何法律无法回避的一个基本问题。法理学界有学者将法律价值概括为：作为客体的法律对于主体的社会的积极性或有效性，是“社会价值系统中的子系统”。② 实际上，法律价值通常不是单一的，而是多元的；它们并非属于同一层次，处于同一地位，而是分处于不同层位；它们虽然相辅相成、相互联系和渗透，但也经常发生矛盾

① 种明钊：《竞争法》，法律出版社1997年版，第283页。

② 张文显：《法理学》，高等教育出版社2018年版，第79页。

和冲突，从而构成一个纷繁复杂但却是有机的价值体系。科学认识反垄断法的价值及其体系，对于反垄断法的理论研究具有重要意义。反垄断法号称"经济宪法"，在市场经济运行中发挥着重要作用，其对电信业规制的价值目标应当集中体现在四大方面，即维系市场竞争机制、推动经济民主、保护消费者权益和促进技术创新与进步。

一、维护市场的竞争机制

人类社会中的竞争，其激烈程度是逐步发展的。当人类进入经济全球化时代，竞争已经渗透到了政治、经济、文化、军事、科技、教育以及日常生活中的各个领域。竞争是市场经济最基本的运行机制，是商品经济、市场经济的产物。实际上，市场经济就是商品生产者、经营者之间的竞争经济。规范经济学的代表人物庇古认为："自由竞争可以使消耗一定量资源所产生的国民收益达到最大值。"① 同时，"市场竞争能推动经济效益的基本条件是经济竞争的自由和公平"。② 故市场体制的首要任务在于维持自由公平的竞争秩序。对自由公平竞争秩序的创设和维护，其实就是在缔造和维护市场体制。

根据规范经济学的观点，"完全竞争是一种具有以下特征的经济模式：每个经济行为人好像在给定的价格条件下行为，即每个人都是价格接受者；产品价格是由市场给定的；所有资源都具有自由流动性，包括出入商务企业；在市场中的每个经济行为人都拥有全面和完善的知识。"由此可以看出，市场经济条件下的竞争至少应该有以下几方面的含义：第一，竞争的主体是两个以上交易方向一致、行业相同或近似但利益上有利害关系、相互排斥的经营者；第二，为了争夺市场，竞争行为表现为经营者推行一系列的商业策略，使用众多的竞争手段；第三，竞争不仅是指一种现实的市场状态，也包括前置市场进入者所参与的前置竞争；第四，竞争的结果会导致优胜劣汰，也只有体现优胜劣汰，才是完整意义上的竞争。③ 从各国反垄断法的立法宗旨上看，竞争是反垄断法的主要保护对象。如德国的《卡特尔法》④ 是在第二次世界大战后制定和发展起来的，虽经过六次修改，但其目标却始终如一，即维护竞争自由。德

① ［德］理查德·A. 波斯纳：《法律的经济分析》（上），蒋兆康译，中国大百科全书出版社 1997 年版，第 23 页。

② 刘大洪主编：《经济法学》，中国法制出版社 2007 年版，第 472 页。

③ 杨紫烜：《经济法》，北京大学出版社 2006 年版，第 215 页。

④ 德国卡特尔法，又称反对限制竞争法，是德国反垄断法的主要渊源。该法最初制定于 1957 年，1958 年起实施。

国的《卡特尔法》主要受新自由主义学派即弗莱堡学派的影响，该学派的核心主张是：保护竞争和反限制竞争不仅可以提高经济效率，而且可以保障政治自由，而经济效率和政治自由是竞争自由条件下必然的价值结果。受哈佛学派"结构—行为—绩效"理论的影响，美国的反垄断法的价值目标也试图以提高完善市场结构来达到遏制垄断、保护竞争的目的。美国国会于1950年增加了《克莱顿法》第7条，旨在控制经济的集中化。此时的美国反垄断法已经以维护竞争机制作为其核心价值。美国最高法院布莱克大法官在"北方太平洋铁路公司诉美国"一案的判决中指出："《谢尔曼法》基于的前提是无限制的竞争力的相互作用将产生最好的经济资源配置、最低的价格、最好的质量和最大的物资进步。由此所提供的环境将有助于保持我们民主的政治和社会制度。"① 日本《禁止私人垄断及确保公正交易法》第1条、加拿大《竞争法》第1条、联合国《消除或控制限制性商业管理法律范本》第1条等均将维护市场经济的竞争秩序作为反垄断法制度的第一要义。我国《反垄断法》第1条也明确规定："为了预防和制止垄断行为，保护市场公平竞争，提高经济运行效率，维护消费者利益和社会公共利益，促进社会主义市场经济健康发展，制定本法。"

可见，竞争是当今各国反垄断法所共同宣示保护的对象，是反垄断法各基本价值的集中体现，是反垄断法判断规范对象的永恒的尺度。因此，维系市场竞争秩序构成了反垄断法特有的价值目标。② 我国电信业将维护市场竞争作为反垄断法的首要任务。第一，市场竞争可以优化资源配置，电信业自然垄断属性极容易导致市场的强者恒强的情形，有序的市场竞争能够促进市场的优胜劣汰，让有限的社会资源在部门间优化调整，发挥资源的最佳状态。第二，竞争机制的维系是市场经济的推动力量，竞争能带来技术进步，竞争能增加市场经营者获取利润的机会。在有效的市场竞争环境下，电信业只有创新技术，满足消费者偏好才能在市场竞争中获得一席之地。第三，竞争有助于社会效益的提高。竞争能激励企业创造性发展，电信企业通过技术的提高，一方面降低市场价格使消费者获利，另一方面也给企业创造竞争利润。反垄断法通过调节竞争

---

① ［美］马歇尔·C. 霍华德：《美国反托拉斯法与贸易法规》，孙南申译，中国社会科学出版社1991年版，第3页。

② 王春晖：《电信竞争的法律规制：电信竞争中的热点法律问题透析》，北京邮电大学出版社2008年版，第121页。

程度来恢复市场竞争机制，因此保护的是社会整体利益。①

二、推动社会经济民主

经济民主是与政治民主相对应的，以经济机会均等和经济平等为主要内容。为了实现经济民主，国家必须尽可能地保障企业自由，为企业提供平等权利，并尽可能地保障企业之间无论大小、强弱都平等地拥有参与经济活动的机会。应当指出，反垄断法所追求的公平应当是建立在经济民主思想基础之上的实质性公平，经济民主主义的核心内容就是经济机会的公平和经济权利的平等。因为机会的公平虽然不一定必然导致结果的公平，但没有机会的公平就必定没有结果的公平。因此，为了实现经济上的民主，国家应当尽可能地为各类市场主体提供平等地市场准入机会，并尽可能地保障各类进入市场的主体平等地拥有参与经济活动的机会。市场竞争中垄断势力以及垄断力量的滥用，部分或全部地取消了相关市场中的经济机会均等和经济平等，是违反经济民主的。因而反垄断法对垄断和限制竞争行为的规制，其实质是贯彻经济民主。

最早明确表示反垄断法作为实现经济民主的手段的是美国总统罗斯福。在1983年，罗斯福总统在提交国会的反垄断法咨文中阐明：对经济力量过度集中而置之不顾，正是对美国传统的民主的破坏，是走向法西斯的道路。因而，为确保政治和经济两方面的民主，必须排除经济力量的集中，活跃竞争。也正是基于上述美国式的关于经济民主的反垄断观，在第二次世界大战结束后，为了使德国、日本这两个法西斯国家走向民主，实现社会安定，避免重蹈战争的覆辙，获胜的同盟国对这两个国家实施了解散财阀的严厉政策，并帮助其制定了反垄断法。日本的《禁止垄断法》第1条更是开宗明义地规定，制定该法的目的之一就是“促进国民经济的民主和健全发展”。我国《反垄断法》明确规定了立法目的：“预防和制止垄断行为，保护市场公平竞争，提高经济运行效率，维护消费者利益和社会公共利益，促进社会主义市场经济健康发展。”

反垄断法经济民主的法律价值是着重于维护社会总体效率、社会（实质）公平和建立在这样基础上的社会秩序。② 因此，有些学者认为反垄断法保护的是社会公共利益，而保护每个企业进入市场从事生产和经营的权利的目标处于较低层次。市场竞争没有温情脉脉的人情味，适者生存，竞争的结果必然导致

① 刘水林：《反垄断诉讼的价值定位与制度建构》，载《法学研究》2010年第4期。

② 漆多俊：《经济法的价值、理念与原刻》，载《经济法论丛》1999年第2卷。

一些企业会失败，“反垄断法保护的是竞争而不是竞争者”。① 但公共利益是一个与私人利益相对应的范畴。尽管反垄断法的着眼点并不在于对单个竞争者利益的保护，而在于维护社会的公共利益，尽管有竞争就会存在胜利者和失败者，这本身也正是优胜劣汰的竞争机制发挥资源配置作用的形式。但是，如果市场竞争者的失败是因其他具备特殊条件、地位和实力的竞争者的非法垄断行为所致，那么这些“特殊竞争者”的平等、自由的竞争机会和条件就将被限制或剥夺。在实践中反垄断法的价值目标也必须要通过具体的案件判决来体现。因此，它又不能不以保护每个具体企业的利益为出发点，无论是中国的还是外国的反垄断法绝不只是维护社会公共利益，它们还维护个人利益、集体利益和国家利益。② 我国《反垄断法》从提高经济运行效率的角度出发，虽然将维护社会公共利益作为立法目标之一，但是具体的表述还是对个人利益、集体利益和国家利益的维护。例如《反垄断法》规定，为改进技术、研究开发新产品，为实现节能、环保、救灾救助以及为提高中小经营者经营效率，增强中小经营者竞争力等垄断协议可以得到豁免。根据以上规定，为了增强中小经营者竞争力，三网融合中的中小运营商之间的垄断协议可以得到豁免，这本身就是维护社会总体效率、社会的实质公平。因此，《反垄断法》在维护社会公共利益、推动民主经济的前提下，也维护了个人利益、集体利益和国家利益。市场竞争，适者生存，这是市场经济的铁律。因此，我们不能将反垄断法的价值目标理解为要竭力挽救那些失去竞争力的企业的命运。反垄断法推动经济民主，主要是通过给每个企业创造公平竞争的机会与防止优势地位企业滥用其优势地位损害中小企业的利益的方式进行的。在公平、平等、自由的市场经济环境下，企业生产与发展的命运完全由自己把握。这是反垄断法保护竞争而不保护竞争者的真正意义，也是反垄断法民主经济的法律价值所在。

三、保护电信消费者权益

在市场经济条件下，只有对消费者权益的保护，才能推动生产力的发展；只有生产力发展了，全社会的社会福利才有可能提高。从微观上讲，反垄断法是公民个体保护自己不受垄断和限制竞争行为危害的武器，反垄断法是民事诉

---

① Brown Shoes Co. v. Unitied States, 370 U. S. 294, 344. 82 S. Ct. 1502, 8 L. Ed. 2d 510 (1962).

② 杨紫烜：《论科学发展观与中国经济法的理念》，载《财经法律评论》第 1 卷，法律出版社 2005 年版，第 13 页。

讼的依据。一般来说，垄断和限制竞争行为的实施，最直接地损害了其竞争对手——其他经营者的利益，使得竞争者不能获得公平的市场机会；同时垄断和限制竞争行为的实施往往伴随着高价或低质的商品和服务，使得消费者不能获得在自由竞争的市场上享受的好处，所以，垄断也损害了消费者的利益。特别是在竞争不充分的电信市场中，消费者总是处于弱者地位而遭受垄断行为的损害。例如，在基础网络市场中，主导运营商实施的网内、网外差别定价，网间互联中的“联而不通、通而不畅”以及运营商联合限制竞争行为等，均严重损害了消费者的合法权益。实践中，一些成熟的市场经济国家的反垄断法或竞争法都把保护消费权益列入反垄断法立法的终极目标。许多国家决定放弃保护个别企业的单独不正当竞争法，而以广大消费者利益为中心，重新整合关于国家、企业和消费者利益的各种市场行为规范。例如，德国《反不正当竞争法》第 1 条规定：“在营业中以竞争为目的而违背善良风俗，可以请求其停止损害和赔偿。”1991 年修订的《波兰反垄断法》开头写明了该法的目的：通过禁止私人垄断、不正当的交易限制以及不公平的交易方法，防止事业支配力的过度集中，排除因联合、协议等方法形成的生产、销售、价格、技术等不正当限制以及其他的对事业活动的不正当约束，促进公平的、自由的竞争，发挥事业人的创造性，繁荣经济，提高工资及国民实际收入水平，以确保一般消费者的利益并促进国民经济民主、健康地发展。我国《反垄断法》第 1 条也将“维护消费者利益和社会公共利益”作为该法的立法目的。《反垄断法》尤其禁止大型国企借市场支配地位损害消费者利益，如《反垄断法》第 7 条明确规定，国有经济占控制地位的关系国民经济命脉和国家安全的行业以及依法实行专营专卖的行业，国家对其经营者的合法经营活动予以保护，并对经营者的经营行为及其商品和服务的价格依法实施监管和调控，维护消费者利益，促进技术进步。国有经济占控制地位行业的经营者应当依法经营、诚实守信、严格自律，接受社会公众的监督，不得利用其控制地位或者专营专卖地位损害消费者利益。

所有的理论学家们都认为，反垄断政策的最终目的是最大限度地满足消费者利益。反垄断法的任务是维护市场机制，因为市场机制可以优化配置国民经济的资源，从而可以最大限度地满足消费者的利益。在完全竞争的情况下，消费者福利达到最大化，而垄断力量对价格的影响则使得消费者福利向生产者转移。如果通过利用或联合利用垄断力量来影响价格或限制消费者的选择就使得消费者福利状况恶化，那么该行为就损害了经济效率。反垄断法的核心目的是促进经济效率的提高，而消费者福利的改善则是经济效率提高的必然结果。① 例如，20世纪90年代中期，伴随着互联网热潮的兴起，Netscape公司推出了Netscape浏览器业务，很快就以其强大的功能，特别是方便的用户界面获得了世界消费者的好评。当时，由于Netscape公司宣传，使用Netscape浏览器的用户会越来越多，微软公司的Windows在操作系统领域的霸主地位会削弱。然而，1998年6月25日，微软突然发布了新一代操作系统Windows98，最终实现了与IE浏览器的完美融合，以免费这种无法抗拒的诱惑挤垮了Netscape公司。1998年6月25日，美国联邦地区法院法官汤姆斯·杰克逊就这桩备受瞩目的"微软不正当竞争案"开庭审理。同年11月5日，杰克逊公布了长达207页的事实认定书，该认定书的结论是：根据搜集到的证据，微软公司的确存在垄断行为。杰克逊法官称，微软公司的做法阻碍了技术进步，损害了消费者的利益。在微软垄断案中，有关消费者利益与垄断成立与否的关系认定上，杰克逊法官裁定：Windows操作系统与IE浏览器是两种独立商品，微软的行为属于捆绑销售。杰克逊法官认为，微软在Windows中安装IE浏览器的行为对消费者造成了损害。理由是微软扼杀了同行的竞争，拒绝尊重消费者的选择，对消费者造成了间接的损害。

我国《反垄断法》第27条对经营者集中进行审查时，专门考虑了对消费者利益的影响。如果经营集中的结果是提高了产品的价格、降低了产品的质量，必然损害了消费的利益，《反垄断法》就必须给予高度的关注。如2011年的被称为"反垄断第一案"的宽带反垄断案中，针对中国电信和中国联通两家企业涉嫌宽带接入领域垄断问题进行反垄断调查，这场曾被认为是企业利益之争的"神仙战"，其实与普通消费者也大有关系。一则，垄断局面的存在，不利于消费者享受更低廉的价格和更优质的服务。中国电信和中国联通掌握着宽带骨干网络资源，出现了宽带市场经营者集中的局面，经营者提高接入价格，降低产品和服务质量，严重损害了消费者的利益。据2011年蓝皮书中国信息化形式分析与预测的报告显示，截至2010年，我国宽带上网平均速率位列全球第71位，不及美国英国日本等三十几个经济合作组织国家平均水平的十分之一。但是，平均一兆每秒的接入费用却是发达国家平均水平的3~4倍。上网速度如此之"慢"，但资费却如此之"高"。二则，电信三大运营商处于宽带市场的支配地位，在取得市场优势地位后，它们往往不去进行技术革

① 颜运秋：《反垄断法应以保护消费者权益为终极目的》，载《消费经济》2005年第5期。

新和管理等方面的创新，影响了电信网之间形成充分的互联互通，阻碍电信市场的竞争，也间接损害了消费者的利益。

从微软垄断和我国宽带市场垄断案中可以看出，垄断会导致消费者成本的增加。道理很简单，垄断价格会使消费者在购买垄断者生产的产品或服务时要支付比竞争水平高的价格而受到损失，而在竞争条件下消费者对市场的产品或服务就有充分的选择权，消费者能够及时地购买替代产品或服务实现其消费目的。法律对消费者利益的保护应该是可持续的，判断垄断是否成立并不以是否对消费者造成伤害为法定条件，而且，对消费者的损害成立与否，并不局限于一个有限的时间段里，而应从一个长期的发展趋势来论。试想：如果一个企业对一种产品或服务一统天下，若干年后，这个企业是否会继续有创造力？是否会继续以消费者的需求为努力的目标？这是谁都无法断言的，所以，从间接推断，企业扼杀竞争对手，垄断产品价格，拒绝尊重消费者的选择，必然损害消费者。因此，提高消费者的福利，保护电信消费者的整体利益，自然应当成为电信业反垄断的重要价值目标。

四、促进技术创新与进步

市场经济在本质上是一种竞争型经济，遵循优胜劣汰的市场机制，通过有效竞争形成规模经济，促使资源配置达到较优状态。然而，在市场竞争的压力下，竞争者要想在市场中立于不败之地，必须进行创新。因为创新能给市场带来新型的产品和高质量的服务，创新者也能因此获得市场回报。创新，特别是技术创新，在所有国家都是得到支持和鼓励的，大多数国家都制定了法律保护专利发明和专有技术，这些发明和技术的所有人依法享有一定的期限的专属权，任何人不得侵犯。但是我们也不得不面临一个严重的事实，那就是对技术创新的鼓励导致了一些人在某些技术上的有期限的垄断地位，如果这些技术是关键性的，那么就可能使得这些人在某一行业都具有绝对垄断地位。例如，以飞利浦为首的4C专利集团（包括飞利浦、索尼、先锋和LG四家跨国公司）和以日立、松下、东芝、JVC、三菱电机、时代华纳六大技术开放式结成的6C联盟，它们联合起来把专利捆绑在一起形成专利池，然后形成标准，目前我国每生产一台DVD碟机必须向以飞利浦为首的4C集团或6C联盟支付20美元的专利使用费，而自己只能挣1美元，它的标准不用还不行，因为这种标准已经形成了市场垄断。过分强调对专利的保护，可能对配置目标是有害的，且不利于技术的推广和市场销量的提供。另外，专利制度所建立起来的合法垄断地位，有可能与法律追求的争议原则相悖，如由于跨国公司投资开发的治疗艾滋病的药物价格昂贵，许多国家的艾滋病患者无力购买治疗药物，只能等待死亡。① 曾经有人提出了一种以专利技术的公开补偿机制，实现专利技术的推广。这种机制的实质意义在于，如果社会在一定时期内向发明者提供保证，那么，发明者就应当公开自己维护的技术秘密。②

实际上，法律从来不反对因技术创新而获取的市场支配地位，但是如果技术持有人滥用市场支配地位造成对其他市场的障碍时，法律就必须进行干预。例如，微软的 Windows 技术是具有绝对市场支配地位的产品，但是微软的 IE 和 Media Player 在浏览器和播放器市场上并不具有绝对优势的竞争力，如果微软通过与 Windows 的强制一体销售，消费者就不得不在选择微软 Windows 的同时选择 IE 和 Media Player，使得这些市场上的竞争产品如 Netscape 和 Real Player 等无法与之有效竞争，法律就必须进行干预。我国的《反垄断法》第 55 条明确规定，经营者滥用知识产权，排除、限制竞争的行为，应当受《反垄断法》的调整。但是上述规定是含糊的，而且是不充分的，不足以对滥用知识产权形成的垄断进行有效的规制。

事实上，滥用知识产权排除、限制竞争本身不是一种独立的垄断行为类型，但这类行为通过垄断技术，排除或限制竞争，阻碍了技术的进步和推广，对社会的危害是极为明显的。关于滥用知识产权的行为，除了滥用市场支配地位排除或限制竞争外，还存在一些拥有知识产权的经营者或自然人通过垄断协议的形式来排除、限制竞争和技术的发展，这种行为也必须依法加以规制。我国《合同法》第 329 条规定："非法垄断技术、妨碍技术进步或侵犯他人技术成果的技术合同无效。"应当指出，技术合同的订立应当遵循有利于技术进步，加快技术成果转化、应用和推广的原则。技术的拥有者不得通过合同条款限制另一方在合同标的技术的基础上进行新的研究开发或者限制从其他渠道吸引先进技术，或者从生产规模、产品价格等方面限制另一方根据市场要求充分实施专利技术和适用非专利技术。WTO 框架下的《与贸易有关的知识产权协定》第 8 条第 2 款也要求各成员国注意防止知识产权权利人可能滥用其权利，而对交易对方有损害行为。根据该款规定，各成员国只要与本协定的规定相一

① 文学国：《滥用与规制》，法律出版社 2003 年版，第 55 页。

② ［日］富田彻男：《市场竞争中的知识产权》，廖正衡等译，商务印书馆 2000 年版，第 16 页。

致，可能需要采取适当措施以防止知识产权权利持有人滥用知识产权或采取不合理地限制贸易或对国际技术转让造成不利影响的做法。在其后《与贸易有关的知识产权协定》第 8 节中进一步详细确立了对知识产权协议许可中限制竞争行为进行控制的规制。根据该节第 40 条规定，由于限制竞争的有关知识产权的许可活动或条件可对贸易产生不利影响，并会防碍技术的转让和传播，所以，各成员可以在其立法中明确规定，在特定情况下可构成对知识产权的滥用并对相关市场中的竞争产生不利影响的许可活动或条件，并采取适当的措施以防止或控制此类活动。

应该指出，鼓励技术创新与技术进步机制的创建最终要依靠法治的支持与保障。这是因为，法律除了具有传统意义上的政治统治功能外，还具有现代意义上的公共治理功能。在电信技术创新领域，反垄断法的公共治理功能主要表现为，根据技术创新活动的自身规律，创设和维护一种有利于电信业技术创新和进步的竞争机制，以使电信市场的资源配置达到最优，这同样也是电信反垄断立法所关注的重要价值目标。

第二节　电信业滥用市场支配地位规制制度

企业滥用市场支配地位行为是反垄断法审查的三大核心之一。所谓滥用市场支配地位是指企业获得一定市场支配地位后滥用这种优势限制其他企业的竞争，它具有行为主体的特定性、行为目的的特殊性、行为本身的反竞争性。①电信业由于具有很强的网络外部性和自然垄断性，会使得主导企业可以形成不受其他企业限制的市场支配地位，同时这种市场支配也会对其他企业进入市场构成障碍，从而带来“胜者通吃”的结果。因此需将电信主导企业滥用市场支配地位纳入反垄断法规制中，但这并不意味着采用规制滥用市场支配地位的一般性规定都能解决电信主导企业滥用市场支配地位的问题。5G 时代的电信企业基于网络效应使得传统的掠夺性定价、差别待遇、强制交易等行为失去原有意义。电信主导企业滥用市场支配地位的行为通常会表现为拒绝向其他经营者开放管道或网络、交叉补贴、捆绑销售等行为。可以认为，电信主导企业的优势地位的产生原因与一般市场支配地位有很大不同，其危害性在于维续垄断

① 毕颖：《网络型基础产业法律管制研究——以网络为中心展开的分析》，北京交通大学出版社 2010 年版，第 101 页。

的能力更强，损害后果更大。因而，必须采取特殊措施给以严格规制。

一、电信主导企业的市场支配地位分析

（一）市场占有率

许多国家通过市场占有率来认定企业是否对市场拥有控制力、支配力。任何企业一旦获得对市场支配的控制力或支配力时就会有滥用其权力的倾向，禁止企业滥用其市场优势地位限制竞争和损害消费者利益的垄断行为就成为反垄断法规制的重点。

市场占有率也称市场份额，是指一个企业的销售量或提供的服务在相关市场上所占的比重，直接反映企业的商品在相关市场上所处的地位。市场占有率是反垄断法评价企业在相关市场中竞争状况的主要依据。一个或者几个企业在相关市场占有的份额越高表明企业拥有的市场势力越强，利用其强势地位进行垄断行为机会性也越大。世界上许多国家都以市场占有率作为市场支配地位的界定依据，达到一定的市场占有率就可认定具有市场支配地位。例如：日本《禁止私人垄断及确保公正交易法》第 2 条规定的垄断状态：“（1）在一年内一个企业的市场占有率超过 1/2，或者两个企业的占有率超过 3/4；（2）给其他企业进入该领域带来显著困难；（3）该企业提供的商品或服务在较长的时间内，根据供求关系变动以及供给所需费用的变动，价格明显上涨或居高不下，取得了显然超过标准利润率的利益或者支出了显然过大的销售费和一般管理费。”我国《反垄断法》第 19 条也有明确规定，（1）一个经营者在相关市场的市场份额达到 1/2；（2）两个经营者在相关市场的市场份额合计达到2/3；（3）三个经营者在相关市场的市场份额合计达到 3/4 的推定为具有市场支配地位。

市场占有率是界定市场支配地位的重要因素。因此，市场占有率的准确性就不容忽视。但确定某一企业的市场占有率是极其复杂的事情，其中对该企业所处相关市场的界定是确定市场占有率最为重要的因素。

（二）相关市场的界定

竞争关系必然存在于一定的市场范围内。在反垄断法执行过程中，对市场竞争的判断是以相关市场为基础的。相关市场对确定市场支配地位具有关键意义，因为一旦界定了相关市场，则在该“市场”内的企业之间所存在的竞争关系，以及具有相互竞争可能性的商品或服务的范围也就随之被确定了下来。

相关市场范围的宽窄直接影响着市场占有率的大小，相关市场越大，一定的产品所在市场的占有率就越小，企业也就没有市场支配力量；相反，相关市场越小，市场占有率就相对变大，企业的市场支配力量随之也就增大。

相关市场（Relevant Market）是在反垄断执法中为了明确界定企业间竞争的界限而使用的一个概念，它是反垄断法学理论中最为基础的基本概念之一，也是一个内涵丰富而复杂的概念。相关市场也称“特定市场”“关联市场”，是指经营者从事经营活动时的有效竞争范围，以及判定各个经营者所提供的产品（服务）之间是否存在着竞争关系的场所，通常由产品（服务）、地理、时间和技术等基本要是构成，其中最重要的是产品因素和地理因素。①

一般认为，相关市场的界定是一个事实认定问题，而不是立法问题。因此，当前世界各国法律中对相关市场的含义、划分方法、界定原则等规定不尽相同。经合组织（OECD）把市场界定为由产品市场和地理市场两个维度构成。欧洲法院在已决的反垄断案件判决中认为相关市场包括三个因素：“相关产品市场、相关地域市场和相关时间市场。”② 我国《反垄断法》第12条第2款规定：“本法所称相关市场，是指经营者在一定时期内就特定商品或者服务（以下统称商品）进行竞争的商品范围和地域范围。”但无论如何界定，我们必须要考虑两个方面的问题：一是这些相互竞争的产品范围，反垄断法上称之为相关产品市场；二是销售这些竞争性产品的地域范围，反垄断法上称之为相关地理市场。③ 因为生产不同产品的企业之间不存在竞争；同样，在相互隔离的两个地理区域销售相同产品的企业之间也不存在竞争。因此，在界定相关市场时必须同时区分相关产品市场和相关地理市场。④

1. 相关产品市场

相关市场的界定首先从产品市场开始。产品市场是指“与某竞争产品具有替代关系的全部产品的范畴，也就是市场上可以与之形成有效竞争的商品和服务的范围，所有可以与之形成有效竞争的商品和服务构成该商品或服务的产品市场”。⑤ 在反垄断执法实践中，主要是从特定产品的可替代性角度来界定相关产品市场，同类产品的界定相对容易，可替代性产品的界定就相对困难。

---

① 朱家贤：《反垄断立法与政府管制》，知识产权出版社2007年版，第71页。

② 阮方民：《欧盟竞争法》，中国政法大学出版社1998年版，第114页。

③ 131 Andrew I. Gavil, William E. Kovoacic and Jonathan B. Baker, *Antitrust Law in Prespective*: *Cases*, *Concept and Problem* Competition Policy, 2002, p. 565.

④ Phillip Areeda and Louis Kaplow, *Antitrust Analysis*, 4th edition, 1998, p. 579.

⑤ 高菲：《论美国反托拉斯法及其域外适用》，中山大学出版社1993年版，第86页。

产品的可替代性主要包括了需求替代性和供给替代性两个方面。

需求替代性是从市场中用户的角度对该产品的评价为判断标准。如果消费者认为两种产品在价格和功能上相同或相似，则这两种商品就具有替代性，产品间的替代性越强，它们之间的竞争关系就越强，它们属于同一市场的可能性就越大，反之亦然。在实践中，需求替代性的认定都是由法院来掌握，因此法院起着至关重要的作用。如在美国杜邦公司玻璃纸案中，玻璃纸为美国杜邦公司独家生产和销售，而最高法院把玻璃纸看成包装材料的一种，认定在食品包装材料中，玻璃纸与其他软包装材料间存在紧密替代性，杜邦公司仅占在包装材料市场的18%，因此不构成垄断。

供给替代性是从生产者角度考虑其是否面临潜在竞争者，即当某个产品的价格足够高时，可能吸引其他生产者进入该市场，从而使供给增多，形成对产品价格抑制。供给替代性反映的是该产品的生产者和潜在生产者对该产品价格变化的反应，如果某一厂商提高价格，其他厂商容易转换生产该产品，从而增加市场上相同产品的供给量，厂商的高价格不易维持，则表明该产品的供给替代性强。反之，如果厂商抬高价格后，可能由于高转换成本，阻碍其他厂商增加供给量，则该产品供给替代性弱。可以发现，若单独通过需求替代性分析既定产品市场，没有直接考虑潜在的生产者转换生产该产品的可能性，可能会缩小相关产品市场的的范围，相对个别企业而言，其市场支配地位的可能性就增大；如果将供给替代性纳入考虑范围，那么相关产品市场范围就扩宽了许多，企业市场支配地位的可能性也就小了。

综上所述，相关产品市场是由两个或两个以上的具有可替代性的产品所组成的市场。当某个企业向市场上推出一种产品时，它不仅要与市场上生产同类产品的其他企业进行竞争，而且还要与生产其替代品的其他企业进行竞争。所以，同类产品和其替代品组成了一个完整的相关产品市场。

2. 相关地理市场

相关地理市场是指一种产品与其同类产品或其他所有替代品进行竞争的地理区域或者空间范围，其大小同样决定着市场优势地位的存在与否。相关产品市场旨在考察产品的横向联系，而相关地理市场则是对产品做纵向的地理分割，其目的是考察同一地区内特定产品的竞争关系。由于不同地区生产销售相同产品的企业的地理空间差距，导致它们不具有竞争性。所以，地理市场是决定相关市场确定的另一个重要因素。只有在相关地理市场上，产品才能进行竞争，才谈得上某一企业居于市场支配地位。

界定地理市场时，我们需要考虑的因素很多，比如贸易壁垒、消费者偏好、运输费用、服务成本、时间障碍、产品特性以及语言和风俗习惯等。在诸多因素中，有两个因素对确定地理市场的范围至关重要：一是运输费用与产品价值的关系。比如在相同运输成本下，水泥、石头建材产品价值低，黄金、石油产品价值高，因此，黄金石油的销售区域比水泥石头要大得多。二是产品的性质。有些产品易保存，适合长途运输，其市场范围就大；而有的产品易腐烂，难保存，不适合长途运输，其市场范围就小。因此，地理市场的范围可大可小，可以是某个地区、某个较小的城市范围，也可以是国家范围，还可以是越过国界进入国际市场。

（三）5G时代电信业对相关市场界定的突破

传统的反垄断法认为不同的产业之间不存在竞争关系。但是，由于技术创新、规制放松产业之间开始相互进入，各产业中的企业便开始形成竞争关系。“三网融合”使得电信业、广电业和计算机互联网产业之间的市场边界产生游移，以至对企业在三网融合市场占有率的衡量变得更为复杂，而由此产生相关市场的界定问题是反垄断法实践中面临的新挑战。

从相关产品市场来看，电信业进入4G后开始了全业务经营，5G时代将进一步向各产业延伸。由于数字产品强烈的个人偏好性和耐用性的特点，使得消费者在选定一种数字产品之后不会轻易更换，价格因素在数字的产品市场中已经失去了决定作用。同时，随着我国对电信市场规制的放松，产业间相互间的进入壁垒进一步降低，因而进入壁垒的影响逐渐弱化，产品的供给替代性增强。

从相关地理市场上来看，其受运输成本和产品性质等因素的影响，不同的产品在不同地区会出现价格差异，但这种现象在电信业中就不存在。由于5G的电信企业提供的产品是无形服务，不具有储存性，数字产品的“运输”（复制和传播）几乎不需要成本，特别是提供的服务具有网络的联合性及全程全网性，而且数字传输功能可以在瞬间完成，消费者不会因为运输成本导致获得的数字产品的差异，因此，5G时代的电信业将相关地理市场弱化了。

由此可见，进入5G时代后，无论是相关产品市场还是相关地理市场的范围都变得更加宽泛。如果对电信业实施与传统产业同等严格的相关市场界定，可能会阻碍电信业的发展，甚至可能会损害到关系国民经济命脉的产业的竞争力。例如，在欧盟起诉微软垄断案中，美国对微软给予了支持，其理由就是基于数字产品的相关市场范围界定——世界性。目前，各国反垄断法实务界已采取一些积极措施应对电信业的快速发展。随着我国学者对互联网反垄断相关研究的深入，他们普遍认为电信的“相关市场界定必须考虑科技变化的因素，并以个案方式认定”。①

（四）电信市场支配地位的确定

所谓市场支配地位，“又称市场控制地位、市场优势地位、经济优势、独占、垄断力、垄断状态等，是指企业在相关市场上可不受限制开展经营活动的能力，并且这种能力本身构成其他企业进入市场的障碍”。②“市场支配地位”在不同国家和地区被赋予不同的称谓，美国反托拉斯法使用“垄断力”即为法律意义上的市场支配地位；日本《禁止垄断法》则使用“垄断状态”的概念表述；欧盟成员国的竞争法常用的措辞是市场支配地位、市场控制地位、市场优势地位等；我国台湾地区“公平交易法”称之为“独占”。尽管各国和地区对市场支配地位有不同的表述，但对市场支配地位达成共识：“如果企业在市场上的某种优势（市场份额、技术优势、资源优势）而使企业在市场上处于独立于竞争的地位，不受其他企业的影响，并且还可以控制市场产品的价格和产量，那么这样的企业就具有了市场支配地位。”③

如何认定市场支配地位，纵观世界各国，存在两种方式：一种是在法律中明确界定了市场支配地位的标准，另一种没有在法律中明文规定，而是由法院与反垄断机构在实践和学说理论中进行阐释。前一种立法模式以德国、日本和我国为代表。我国《反垄断法》第 18 条规定，认定经营者的市场支配地位应具有下列因素：（1）该经营者在相关市场的份额，以及相关市场的竞争状况；（2）该经营者控制销售市场或者原材料采购市场的能力；（3）该经营者的财力和技术条件；（4）其他经营者对该经营者在交易上的依赖程度；（5）其他经营者进入相关市场的难易程度；（6）与认定该经营者市场支配地位有关的其他因素。后一种立法模式以美国和欧盟为代表，欧共体委员会在关于“大陆罐头公司案”的裁决中，对市场支配地位的定义表述是：“如果企业凭借市场份额，或者凭借其与技术秘密或者与渠道原材料和资金的渠道以及其他重大优势例如商标权等相关的市场份额，能够决定相关产品一个重大部分的价格，

① 陈樱琴：《公平交易法对“电信事业、4C 事业”之竞争规范———以公平竞争及跨业经营秩序为中心》，载范建得主编：《电信法制新纪元》，台湾元照出版有限公司 2003 年版，第 94、97、126 页。

② 季晓男：《中国反垄断法研究》，人民法院出版社 2001 年版，第 228 页。

③ 孙晋：《反垄断法——制度与原理》，武汉大学出版社 2010 年版，第 86 页。

或者控制其生产或者销售，这就表明它具有市场支配地位。”①

综观世界反垄断理论对市场支配地位的认定，主要是依照相关市场的市场份额来判断。尽管拥有很高的市场份额并不一定意味着是不法的垄断，但是没有一定比例的市场份额一定不会构成不法垄断。1997年欧盟在《互联指令》中提出了“重大的市场力量”的概念。2002年欧盟《框架指令》认为，一个电信运营商是否存在重大的市场力量，判断标准有三个，即市场份额、市场壁垒和利润水平。② 其中市场份额是判定重大市场力量电信运营商的一个主要标准。虽然不是说具有较大的市场份额就必然具有重大的市场力量，但是反过来，如果没有一定的市场份额是不可能具有重大的市场力量。在实践中，欧盟委员会确定重大市场力量的电信运营商一般都具有40%以上的市场份额。市场份额主要通过销售量（用户数、时长等）或销售价值（销售收入）来判定。

电信业由于基础网络资源的有限性，相关企业通过特许经营进入市场。因此，网络运营商的数量不多，决定了企业的市场支配地位是十分明显的。应当明确，各国的《反垄断法》并不禁止市场支配地位本身，也就是说基础网络运营商具有市场支配地位本身并不违法，但如果其滥用市场支配地位限制电信市场的竞争就属于违法，就必须依法进行规制。如何判定一个具有市场支配地位的运营商是否实施了滥用行为，我国的《反垄断法》并没有给出具体标准。借鉴世界各国反垄断法中所列举的支配地位滥用行为，笔者认为电信运营商市场支配地位的滥用行为应当关注三个方面的内容：第一，基础网络运营商已按照《反垄断法》中关于“市场支配地位”规定成立并取得了市场支配地位，这是基础运营商实施滥用市场支配地位行为的基础性条件。第二，具有支配地位的三网融合运营商必须实施了支配地位滥用的行为，这是滥用市场支配地位行为的客观方面。如果具有市场支配地位的基础网络运营商以合法的方式竞争，即使导致其他运营商市场占有率和利润的减少，也不为法律所禁止。所以，只有当具有市场支配地位的基础网络运营商实施的市场行为限制了有效竞争，损害其他竞争者和消费者的利益时，反垄断法才予以禁止和规制。比如，基础网络运营商利用国企支配地位实施价格歧视，进行网内网外差别定价，就属于限制电信市场的有效和公平竞争，反垄断法就得作出否定性评价。第三，电信运营商的市场支配地位滥用行为的主观要件方面，主要表现为：具有市场

① 王晓晔：《欧共体竞争法》，中国法制出版社2001年版，第229页。

② 殷继国：《自然垄断行业不对称规制理论与实践》，载《经济经纬》2010年第4期。

支配地位的电信运营商出于限制、阻止、遏制竞争之目的，利用其支配地位的优势故意采取低价倾销、交叉补贴、拒绝提供互联互通以及诋毁竞争对手等手段，造成将竞争者排挤出电信相关市场的结果，从而获取较高的市场占有率和利润。

二、电信企业滥用市场支配地位的形态

笔者虽然赞同将电信企业利用市场优势限制竞争的行为纳入滥用市场支配地位进行规制，但这并不意味着采用规制滥用市场支配地位的一般性规定就能解决电信企业滥用支配地位的问题。在传统产品市场中，反垄断法一般将滥用市场支配地位的行为分为两类："一类是针对同业竞争者所实施的滥用行为，主要表现为掠夺性定价、独家交易、搭售和附加其他不合理的交易条件等行为；另一类是针对交易相对人所实施滥用行为，主要表现为价格歧视的差别待遇、拒绝交易、强制交易等行为。"① 在进入5G时代后，电信企业滥用市场支配地位的行为更多地会表现为拒绝向其他经营者开放管道或网络、交叉补贴、捆绑销售等。

（一）拒绝向其他经营者提供必要条件

在电信业竞争法律关系中，"必要条件"是一个重要的概念。必要条件是指公共电信传输网络设施或业务，这些设施或业务是由单个或少数几个主导的电信运营商控制或主要提供，并且为了开展竞争需要这些设施，但由于技术或经济上的原因，竞争者无法对这些设施进行复制，具体包括网络接入线路和本地交换设备等设施。5G时代的电信产品和服务的供给往往需要通过固定管道或网络传输，其特点就是：一是，电信管道和互联网的经营具有天然的垄断性，受到主导运营商的控制；二是，为了开展竞争，新进入电信市场的运营商需要接入这些公共网络设施；三是，由于电信业的规模经济和技术特征，新进入电信市场的竞争者很难对这些基础设施进行复制或建设。

电信5G技术推进了电信的全业务经营，实现了各相关产业的融合，最终形成有效的竞争机制。而向其他经营者开放管道和网络是促进电信业形成有效竞争的前提和基础。按照网络效应，网络规模越大，其价值越大，产生的效益越高。通常来看，企业开放网络有利于扩大市场，获得更广阔的发展空间。电

① 毕颖：《网络型基础产业法律管制研究——以网络为中心展开的分析》，北京交通大学出版社2010年版，第101页。

信在位运营商只有相互开放网络才能获得价值的最大化。但是企业有逐利的本能，当企业发现合作所带来的利益远不如垄断带来的好处多时，有能力控制市场的运营商就会限制其他企业使用自己的网络或基础设施，使得其他企业的产品无法提供给消费者，甚至会滥用市场支配地位拒绝向潜在竞争者开放网络，达到限制市场竞争的目的。小企业因此无法借助在位运营商的骨干网拓展业务，市场上无法形成良性竞争。因此，具有支配地位的企业负有向其他经营者开放网络的义务，违反该义务就要受到反垄断法的规制。

（二）企业内部交叉补贴

企业内部业务交叉补贴行为主要是指占据市场支配地位的企业，出于打败竞争对手和限制竞争的目的，在同时拥有自然垄断性和非自然垄断性业务的情况下，通过提高自然垄断性业务的价格并降低非自然垄断性业务的价格排挤竞争对手，而非自然垄断性业务因价格下降受到的亏损则可由该企业提高自然垄断性业务价格而增加的利润予以弥补。① 虽然电信业经过多次重组，交叉补贴在一定程度上有所减少，但是随着5G的全面商用，经营不同种类业务的企业可以相互进入对方的业务领域，这些在各自市场有着支配地位的运营商就会采取交叉补贴的手段，削弱竞争对手的竞争优势，达到排挤竞争对手的目的。通常来讲，主导运营商会用一种或几种竞争不激烈的业务来补贴竞争较激烈的业务。例如：有些地方的电信企业在做IPTV业务时以低于成本的价格销售商品，甚至免收电视收视费的形式吸引更多的消费者。然后IPTV业务和电信网络业务打包销售，以电信具有垄断地位的话费利润弥补电视收视费的亏损。

（三）捆绑销售

捆绑销售是指企业利用自己的市场优势地位，在提供商品或服务时，违背交易相对人的意愿，强行搭配出售其他商品或服务，或者附加其他不合理限制的行为。作为一种强卖行为，捆绑销售违背了公平交易的经营理念，限制了交易相对人自由选购商品和服务的活动，进而使竞争对手相对减少交易机会，给竞争带来不利影响。事实上，捆绑销售是为了通过杠杆效益将市场支配地位扩大到另一产品市场，或者通过捆绑销售扭曲或妨碍另一产品市场的交易自由与

① 毕颖：《网络型基础产业法律管制研究——以网络为中心展开的分析》，北京交通大学出版社2010年版，第149页。

竞争而获利。① 例如，电信将移动电话、宽带网络进行捆绑的套餐服务。这种看上去很美的销售，实际上是电信借助自己宽带业务的优势保持固定电话业务，推进移动业务的发展。

（四）歧视定价

歧视定价是指经营者在同一时间内对同一成本的产品向不同的购买者收取不同的价格，或是对不同成本的产品向不同的购买者收取相同的价格。在电信领域，歧视定价主要指具有主导市场地位的运营商提供相同的服务产品时不合理地实施差别价格资费条件的行为。构成电信市场的歧视定价一般需要具有三个条件。首先，实施歧视定价的运营商应当占有电信市场中的支配地位；其次，具有市场支配地位的运营商所实施的歧视定价没有正当的理由，且不具有合法性；最后，具有市场支配地位的运营商实施歧视定价对相关市场的其他运营商会造成损害。由于电信运营商提供的产品是一种无形的服务，其最大的特点就是这些产品主要是向其网内消费者提供的，且这些服务产品不能转卖。因此，在电信市场实施歧视定价比有形的产品市场更为常见。以主导移动通信市场的电信运营商的网内网外差别定价为例，作为一个电信运营商其吸引的用户量越多，竞争优势越明显，因此各家运营商都千方百计扩大自己的用户群。但在目前国内市场力量不均衡的格局下，主导运营商基于其优势地位，通过差别定价的方式吸引更多的用户加入。而对处于劣势的非主导运营商来讲，这种差别定价的手段具有不能效仿性，因而不能采取统一的手段回应。为了争夺用户、获得生存空间，处于劣势的运营商只好通过更低的资费来吸引用户，从而引发一轮接一轮的价格战。电信的歧视定价一般出现在不同电信网络之间，以移动通信资费的优惠套餐形式出现，如移动短号业务、网内通话免费，而网外则需要收费。

从表面上看，主导运营商实行差别定价的目的是鼓励网内用户的消费，是对网内用户的优惠，但实质上在一定程度上增加了具有支配地位运营商的销售收入，获取了高额的利润，同时促使竞争对手客户的转网，也使得竞争对手的用户因此受到了不公平的待遇，最终达到了排挤竞争对手的目的，这是一种典型的滥用市场支配地位的行为。

---

① ［美］丹尼斯·卡尔顿·佩罗夫：《现代产业组织》，黄亚钧等译，上海三联书店、上海人民出版社 1988 年版，第 554~555 页。

三、电信企业滥用市场优势地位的法律规制分析

（一）拒绝提供必要条件行为的规制

电信业5G的全面商用，将会引入更多的竞争者，而基础网络和设施是新进入者参与市场竞争不可或缺的必要条件。电信业主导运营商控制着重要基础网络和设施，非主导运营商要想参与电信5G市场的竞争，必须将其网络或设施与主导运营商的网络和设施实现互联，包括互联点的设置、互联点两侧的设置、路由组织、计费、同步、传输质量等，只有这样才能真正地实现运营和提供服务。如果主导运营商拒绝向非主导运营商提供接入的必要设施，就构成了滥用市场支配地位。目前，世界许多国家的反垄断理论把网络当作“必要设施”或“瓶颈设施”，形成了一系列规制的原理与判例。

1. 成立要件

瓶颈垄断理论，又称必要设施原理，是指“掌握具有瓶颈性质的必要设施的企业，如果拒绝对其他竞争者提供进入某种商品或服务的合理途径，并且这些商品或服务是竞争者要与之竞争所必需的，那么掌握关键设施企业的这种拒绝交易行为将可能违反反垄断法”。①

MCI通信公司诉美国电信电报公司案对基础设施原理发展具有里程碑式的重要意义。② MCI通信公司和美国电信电报公司在长途通话业务市场存在竞争。美国电信电报公司为了打击竞争对手，拒绝以合理价格向MCI提供其拥有的地区网络。1974年，MCI公司针对美国电信电报公司未提供公平的网络互联，MCI向联邦地区法院提起反托拉斯诉讼，经地区法院及上诉法院审理，上诉法院于1983年作出最后裁决。法官作出如下判决：独占企业拒绝交易应适用必要设施原理。因为这一类拒绝交易，很可能会增强拥有某一基础设施的独占企业的控制力，由交易的某一阶段或在特定市场的独占地位，扩张至另一阶段或另一市场的独占地位。所以，反垄断法赋予控制瓶颈设施的企业以非差别条件提供瓶颈设施的义务。法官在MCI案中提出了基础设施原理的四项成

① Andreas Bartosch, Essential Facilities: *The Access to Telecommunications Infrastructure and Intellectual Property Rights under Article* 82*EC*, Christian Koenig, Andreas Bartosch and Jens-Daniel Brawn, EC Competition and Telecommunications Law, Kluwer Law International , 2002, p. 135.

② MCI Communications v. American Tel. & Tel. Co, 708 F. 2d 1081 (7th Cir.), cert. denied, 464U. S.

立要件：“（1）垄断者控制着基础设施；（2）竞争者无法独立并合理地使用该设施；（3）存在拒绝提供该设施给竞争者的行为；（4）提供该设施为实际可行。”① 这是对基础设施原理成立条件的经典认识。不过，学者基于 MCI 案中的成立要件提出了“强制要求垄断者向竞争者提供基础设施的义务”的构成要素：第一，垄断者或一组具有垄断力的竞争者控制着设施；第二，被排斥的竞争者无力实际或合理地复制设施或其经济功用；第三，拒绝使用设施或强迫接受限制性条款具有这样的后果，即相关市场的竞争造成实质性损害，在这一市场中，垄断者与原告竞争；第四，缺乏“有效的商业合理性”。②

概括上述观点，瓶颈垄断理论应包括以下成立要件：（1）主体要件，存在控制设施的垄断者和要求利用这一设施开展竞争活动的竞争者。（2）客体要件，即存在双方所争议的设施，关键在于设施具有基础性。在 MCI 和其他判例中，基础设施原理要求原告证明其缺乏“实际可行和合理地”复制设施能力。而新近的判例强调，为证明设施是“基础的”，原告“必须证明不仅仅是不方便或甚至经济上的损失；还必须证明对设施的替代并不可行”。③ 若设施不具有基础性，则当事人可选择复制的方法或寻求替代网络来实现，无须强制开放网络。（3）行为要件，即垄断者有拒绝开放设施或以不合理条件开放设施的行为，而竞争者以合理条件向垄断者提出了开放设施的要求。（4）可行性要件，即垄断者具有向竞争者开放设施的能力，在设备、技术等方面具有可行性。（5）合理要件，垄断者不具有拒绝开放和限制开放的商业合理性。只有这五项条件同时具备，才能要求适用基础设施原理。

由此可以得出，电信业的瓶颈垄断理论成立要件应包括：（1）电信网络设施是以垄断为基础的，受到主导运营商的控制；（2）为了开展竞争，新进入电信市场的运营商需要使用这些网络设施；（3）由于电信业的规模经济和技术特征，新进入电信市场的竞争者很难对这些基础设施进行复制或建设。

2. 相关立法

美国虽然是个判例法国家，但也有成文法规定体现了瓶颈垄断理论精神。

① 杨嘉雯：《简介电信自由化后符合公平合理原则之接续费计算基准》，载《经济法制论丛》2001 年第 28 期。

② Willam B. Tye, Competitive Access: *A Comparative Industry Approach to the Essential Facility Doctrine*, 8 ENERGY L. J. 1987, pp. 337-346.

③ William E. Kovacic, *The Antitrust Law and Economics of Essential Facilities in Public Utility Regulation*, Michael A. Crew, *Economics Innovations in Public Utility Regulation*, Norwell: Kluwer Academic Publishers, 1992, p. 5.

如美国 1996 年《电信法》第 251 条和第 252 条对掌握基础网络的运营商赋予强制义务，规定：A. 所有电信运营商都有义务直接或间接地向其他电信运营商提供设备和装置互联。B. 本地交换运营商应当：a. 不得禁止再出售其电信服务；b. 允许电信交换服务和收费服务的竞争者无歧视地进入其服务领域；c. 允许竞争者得以使用杆路、导线管路和共同管路。C. 现有本地交换运营商应当向任何提出要求的电信运营商：a. 提供通自己设施和设备的互联；b. 在不分类定价的基础上，允许其使用各种网络元素；c. 以批发价格提供用于再销售的任何电信服务；d. 提供将其设备进行并置的许可。

瓶颈垄断理论并非仅仅存在于美国，也在世界各国法律中有规定。如在德国，1998 年修订的《德国反限制竞争法》增加的第 19 条第 4 款第 4 项规定，具有市场支配地位的企业拒绝另一企业以适当报酬进入自己的网络或其他基础设施的行为是一种滥用行为。① 因为该另一企业出于法律上或事实上的事由，非使用他人网络或其他基础设施就无法在前置或后置市场同支配市场企业的竞争者从事经营活动。当然，如果支配市场的企业能够证明这种使用因企业经营方面或其他方面的事由是不可能的或不能合理期待的，那么他的行为就不构成滥用。②

1995 年澳大利亚制定的“通用进入法”体现了瓶颈垄断理论，确认允许第三人在一定范围内进入某种必要设施的法律体制。对于第三人进入分为三种机制：第一，潜在的强制方法，即被竞争理事会确认为基础设施的，其经营者如果不允许他人进入，可由竞争理事会进行裁决；第二，自愿进入，即基础设施经营者可以向竞争和消费者委员会提出允许第三人进入的条件，经营者和消费者委员会认可后实行；第三，由州和地方立法规制进入。③

日本的公平交流委员会和总务省共同制定的《关于电信事业领域促进竞争的指针》对瓶颈理论作出具体规定，以下是违反反垄断法的行为：（1）对于正在或将提供与自己或自己的相关使用者（即竞争事业者）互相竞争的电信服务的其他电信使用者，如果拒绝连接所拥有的加入者线路，或者设定一个过高的连接费用，不充分公开连接时所必要的信息或故意延误连接手续等，则

① H. J. 皮蓬布罗克、F. 舒斯特：《对立、分立抑或并立——评德国〈反垄断法〉与〈电信法〉》，载《比较法研究》2005 年第 1 期。

② 《各国反垄断法汇编》编选组：《各国反垄断法汇编》，人民法院出版社 2001 年版，第 173 页。

③ 孔祥俊：《反垄断法原理》，中国法制出版社 2001 年版，第 104 页。

被认为是实质拒绝了连接；（2）在对竞争者进行连接时，有关连接的费用，连接所需信息的公开程度，连接手续的期间，优先连接等的登记工作，如果采取了与自己或自己的相关竞争者相比较而言对竞争者不利的事情，就被视作阻止了竞争者进入的电信服务市场；（3）将通过与竞争者的连接等业务所得到的该竞争者及有关顾客的信息，运用于与自己或自己的相关事业者的事业活动中，就被视作阻止了竞争者进入电信服务市场。①

我国台湾地区“电信法”在对网络互联作出规定时，实质上确认了基础设施原理，第26条第1项规定“市场主导者”不得进行下列行为：“（1）以专用技术直接或间接阻碍其他第一类电信事业提出网络互联之请求；（2）拒绝对其他电信事业揭露其网路互联费用之计算方式及有关资料；（3）对所提供电信服务之价格或方式，为不当之决定、维持或变更；（4）无正当理由，拒绝其他第一类电信事业租用网路元件之请求；（5）无正当理由，拒绝其他电信事业或用户承租电路之请求；（6）无正当理由，拒绝其他电信事业或用户协商或测试之请求；（7）其他滥用市场地位或经主管机关认定为不公平竞争行为。”②

3. 瓶颈垄断理论的实质

分析上述瓶颈垄断理论的有关判例与立法，可以认为这一理论的实质在于：第一，瓶颈垄断理论是对电信在位企业私权的合理限制。企业虽拥有网络设施所有权，但却具有很强社会公益性。在特定领域，企业独占网络，而相关竞争者重建网络成本过高，则难以进入该领域形成有效竞争，消费者将承受过高资费标准。即使相关竞争者不顾高成本而自建网络，在激烈的市场竞争中也难免会受到高额成本的压力，最终不得不以高标准资费向消费者转移成本，从而导致进入企业竞争的目的无法实现。第二，瓶颈垄断理论坚持了行为主义的规制思路。即企业具有垄断地位并不违法，只有当拒绝竞争者以合理条件进入网络，或对竞争者的进入设置不合理条件时，明显存在滥用网络优势的故意，才会使用瓶颈垄断理论。因此，企业行为对基础设施原理使用具有至关重要的影响。第三，瓶颈垄断理论使用合理原则。即使企业有拒绝接入行为，也要考虑商业合理性。若开放网络并不能降低市场价格，或其网络容量极为有限，只能满足网络所有者自身运营需要，且其服务成本低于竞争者通过接入来提供服

① 钟文兴：《日本电信事业领域的规制改革与竞争政策——第一种电信事业者的连结义务》，载《公法研究》（第四卷），中国政法大学出版社2005年版，第70~71页。

② 王郁琦：《资讯、电信与法律》，北京大学出版社2006年版，第135页。

务的成本。此时，拒绝进入其网络就有商业合理性，不应视为违法。第四，瓶颈垄断理论的目的在于推动企业竞争。当在位企业持有瓶颈设施，新进入者欲利用这些设施提供服务时，而无法以法律确保两者之间公平有效的竞争条件，即新进入者与在位者之间无法相抗衡，市场竞争自然无法形成。① 瓶颈垄断理论方便竞争对手使用网络，使竞争更加可行，实现网络设施利用之效率最大化。著名学者王晓晔肯定了瓶颈垄断理论促进竞争的作用，他认为"许多国家也是依据瓶颈垄断理论，在网络或者其他基础设施的所有者占据了垄断地位或者市场支配地位的市场上，引入竞争机制"。② 由此可见，瓶颈垄断理论是反垄断法拓展使用领域的重要产物，在一定程度上可以看作反垄断法适应经济社会发展的标志。

（二）其他滥用市场支配地位行为的规制

1. 企业内部交叉补贴的法律规制

电信企业内部的交叉补贴行为是许多国家政府所禁止的。例如：爱尔兰电信监管办公室制定的《统一电信许可证办法》第 14 条规定，电信监管办公室对于针对被许可方交叉补贴行为的投诉进行调查，并能够签发具有约束力的命令，要求被许可方停止该交叉补贴的行为。③ GATS《基础电信协议》中也规定不允许有反竞争的交叉补贴。我国《电信条例》第 42 条专门针对"交叉补贴"作出规定：不允许不同业务之间进行不合理的交叉补贴。但是《电信条例》没有就何谓"不合理"的行为作出规定。有人认为，这里的"不合理"就是指："有损于竞争对手的擅自降低竞争业务的资费标准、抢占市场，其亏损部分由其他业务收入给予补贴的行为。"④ 笔者认为这里的"不合理"行为应被理解为违反公平竞争的行为更为妥帖。为了有效地遏制电信企业内部交叉补贴，一些国家制定了会计分立的规定，要求主导运营商实行会计分立，其目的是要求主导运营商将其提供的补贴业务的成本分开，从而能够确定并提供每一种业务的成本。⑤ 通过比较每一种业务的成本和收入能确定该种业务是盈利

---

① 刘崇坚：《市内电话用户回路开放问题分析》，载《经济法制论丛》2005 年第 35 期。

② 王晓晔：《竞争法研究》，中国法制出版社 1999 年版，第 69 页。

③ Hank Intven 等编著：《电信规制手册》，管云翔译，北京邮电大学出版社 2001 年版，第 218 页。

④ 刘彩：《中华人民共和国电信条例释义》，中国法制出版社 2000 年版，第 83 页。

⑤ 游劝荣：《反垄断法比较研究》，人民法院出版社 2006 年版，第 185 页。

还是亏损，凡收入不能弥补成本的业务，就应当被认为是受到其他收入超过成本的业务补贴。

2. 捆绑销售的法律规制

捆绑销售使得在一个市场中拥有垄断力的企业在另一市场中也获得了垄断。捆绑销售限制了被搭售产品的市场竞争，特别是电信业具有规模经济性，那么为了进入搭售产品市场也必须生产被搭售产品的企业其成本与垄断者相比会高得多，而这会减少该企业进入搭售产品市场的预期收益，也会损害消费者的利益，因此各国法律对捆绑销售都给予负面评价，进行严格规制。如美国《谢尔曼法》第 1 条规定："任何契约，以托拉斯形式或其他形式的联合、共谋，用来限制州际之间或与国外之间的贸易或商业是非法的，任何人签订上述契约或从事上述联合共谋是严重犯罪。"《克莱顿法》第 3 条规定："商人在其商业过程中，不管审批是否授予专利，商品为了在美国国内、州内、哥伦比亚地区及美国司法管辖权下的属地及其他地域内使用、消费或零售、出租、销售或签订销售合同，是以承租人、买者不使用其竞争者的商品作为条件，予以固定价格，给予回扣、折扣，如果该行为实质上减少竞争或旨在形成商业垄断，是非法的。"德国根据《反限制竞争法》，捆绑销售被视为具有市场支配地位的企业妨害同一经济阶段的竞争者的一种滥用优势的行为，该法第 14 条规定："企业之间就与本法使用范围内的市场相关的商品或服务所订立的协议，如对一方当事人在其与第三人就所供商品、其他商品或服务达成协议时的定价自由或形成交易条件的自由予以限制，则该协议是禁止的。"我国 2008 年颁布实施的《反垄断法》第 17 条也明确规定："禁止具有市场支配地位的经营者从事下列滥用市场支配地位的行为：……（五）没有正当理由搭售商品，或者在交易时附加其他不合理的交易条件。"

3. 歧视定价的法律规制

关于具有市场支配地位的企业实施不合理的差别价格，有的国家将其直接列为滥用行为进行严厉规制。美国《通信法》第 210 条专门规定了"免付权和免费券"，即在资费、经营、分类、设备及服务等方面，电信运营商不得直接或间接以任何方式制作不公平、不合理的歧视性措施，或给予任何特定个人、团体或地区以不适当或不合理的优惠政策。德国《反限制竞争法》第 19 条将具有市场支配地位的企业实施不合理的差别交易条件（包含价格条件）列为滥用市场支配地位的一种形式。我国《反垄断法》第 17 条规定，具有市场支配地位的经营者，在提供相同商品时，没有正当理由，不得对条件相同的交易相对人在交易价格等交易条件上实行差别待遇，使其他交易对象处于不利的交易地位。从表面上看，电信导运营商实行差别定价的目的是为了鼓励网内通话，对网内用户的优惠策略，但实质上是具有支配地位的运营商利用其优势地位促使竞争对手客户的转网，也使得竞争对手的在网用户因此受到不公平的待遇，最终达到排挤竞争对手的目的。因而，禁止电信企业的歧视定价，无论是对消费者权利的保护，还是对改善三网融合市场竞争环境都是有益的。针对主导运营商日益严重的歧视定价问题，虽然我国信息产业部和发改委早在2004年就联合下发了《关于通信网内网外差别定价问题的通知》（信部联清〔2004〕452号，下称“452号文”）。然而，由于该“452号文”的法律执行力较低，同时没有就通信网内网外差别定价问题的法律性质进行界定，因此主导运营商在通信网内往外差别定价的问题至今没有得到有效的解决。

第三节　联合限制竞争规制制度

在现实经济生活中，联合限制竞争与其他垄断行为相比，实际发生可能性大、涉及的企业多，是一种非结构性的反竞争行为。企业经常通过垄断协议压制竞争对手，严重损害了市场竞争机制，同时也损害了消费者的切身利益。亚当·斯密曾经说过，“生产同类产品的企业很少聚集在一起，如果他们聚集在一起，其目的便是商讨如何对付消费者。”① 我国5G牌照仅发放给了中国电信、中国移动和中国联通三家企业，竞争企业数量较少，市场活动比较专业，企业间为了获得新技术，占有更大的市场份额，很容易达成联合限制市场竞争的协议，其限制竞争的危害也更大。

一、企业联合限制竞争的产生与危害

联合限制竞争又称为卡特尔、垄断协议，它是指两个或两个以上的市场主体以协议、决议或其他联合方式达成以排斥、限制或妨碍竞争为目的的行为。在学理上，按照行为参与者所处的经济层次，联合限制竞争通常表现为两种：一种是处于同一经济层次企业的横向联合限制竞争行为，另一种是上下游企业间的纵向联合限制竞争行为。横向限制竞争是指两个或两个以上处于同一经济层次且具有直接竞争关系的企业，通过协议、决议或其他联合方式而达成的限制竞争行为，包括直接或间接固定价格、限制商品的生产和销售、共同分瓜市

① 毕颖：《网络型基础产业法律管制研究——以网络为中心展开的分析》，北京交通大学出版社2010年版，第103页。

场、歧视第三方竞争者或者抵制第三方竞争者。纵向限制竞争，是指同一产业中处于不同经济层次而有交易关系的企业之间通过协议或契约达成的联合限制竞争行为。

与一般行业相比，电信业具有较高进入壁垒，因此在统一市场内的企业竞争者数量较少，市场活动比较专业，更易形成垄断协议，其限制竞争效果与危害也更大。因为在竞争企业较多的一般性竞争行业，形成“集体行动”的难度较大，而在企业竞争极为有限的市场中，企业之间更容易达成合意，形成“集体行动”，且相互之间的监控成本较低，导致联合限制竞争的“集体行动”得以维续。“尽管在一次性博弈中，企业间的卡特尔和默契合谋是难以维持的，但在无限期重复博弈中，卡特尔协议和默契合谋是可以维持的。”①

电信业进入全业务经营前是一个独立产业，作为自然垄断的国有企业，此时既无联合限制竞争的可能，也无联合限制竞争的必要。电信业进入全业务经营后，特别是在5G的全面商用推动下，电信业的边缘供应商会越来越多，市场内开始出现数家企业相互竞争，企业之间联合限制竞争的可能性出现。5G时代，经营者一般不会选择横向协议，究其原因：首先，经营者之间的竞争主要来自创新产品和提升服务。数字产品具有强烈的消费者锁定效应，其价格取决于消费者的接受程度，因此传统的低价竞争方式已经失去了其对市场占有率的优势。比如，在中国的传媒市场，大众会偏向网络IPTV电视，宽带网络的更多的选择中国电信，移动通信也会偏好于中国移动。其次，由于数字产品自身的特殊性，其传输速度快，不受地域范围的限制，在短时间内能大量地生产和复制，横向协议的效应也远没有传统物质产品市场那么明显。因此，5G时代的电信经营者的横向协议没有传统产品市场那么常见。

进入5G时代，电信市场对信息产品全方位的多媒体信息服务要求，这是任何一个运营商无法单独实现的，需要整个产业链的紧密配合共同承担和完成，这就会促使企业更多地选择纵向协议。我国的移动通信运营商相继开始了与手机终端设备制造商，SP服务商和经销商几方共同签订协议，参与设计适用其网络的制定终端手机。此类定制手机是以移动电信运营商为主导，通过定制手机，移动运营商可以有效地控制整个产业链，更强化了该运营商在整个产业链中的主导地位，其结果是限制了整个产业链的上下游。比如主导电信运营商与参与定制手机的制造厂商和SP服务商达成的协议中往往含有一些约束性

① 张维迎、盛洪：《从电信业看中国的反垄断问题》，载《经济研究参考》2001年第48期。

条款，即禁止该定制手机的制造商和提供定制手机数据或多媒体业务的 SP 服务商再向其他运营商提供此类产品和数据。

应该承认的是，电信企业间的纵向协议虽然有利于产品的创新，满足市场的需求，但企业同样会利用纵向协议排除竞争，至于是否构成垄断问题，应根据具体案例而定。但至少可以认为，如果该纵向联合协议不是为提高产品质量、降低成本、增进效率，而是以限制竞争为目的，且对三网融合市场造成实质性影响，该类纵向联合行为就应当予以禁止。

二、电信企业限制联合竞争规制的特殊性

虽然电信企业间的联合限制竞争应适用反垄断法，但并非毫无例外地完全适用，在适用范围与标准上有其特殊性。

（一）规制范围的特殊性

就价格行为而言，若国家以固定价格形式（即我国《价格法》上的国家定价）来规制电信价格，企业必须按照这一价格水平进行定价销售，则不应适用反垄断法对其实行相同价格进行规制。但这将会导致政府操控的“价格卡特尔”。若国家仅规定定价的范围（类似于政府指导价），企业则存在联合控制价格的可能，此时应受反垄断法规制。同时，反垄断法禁止以划分销售区域的方式瓜分市场，但对电信业应根据经济技术特点进行具体分析。目前，网络视频业务仍是在传统的有限电视网络上拓展起来的。传统的有限电视网络以特定城市为基础提供服务，具有相当地区性，若以反垄断法进行规制，则不具有合理性。但如果 IPTV 业务完成全国统一网络后，将适用反垄断法。对于电信通信和互联网服务而言，因其可进行直接竞争，划分销售区域限制了竞争，因而不允许明示或默示划分销售区域。

（二）规制标准的特殊性

在反垄断法中，严厉禁止企业的联合限制竞争的垄断行为。从这个角度来看，似乎企业达成的所有的垄断协议都是违法的。但在实践中，这样的推定是偏颇的。电信企业为了弥补自身技术或业务的不足往往与其他企业进行联合，虽然有些协议会有限制竞争的目的，但同时也具有推动竞争、改善企业经济效益、满足市场需求的作用。因此我们不能将垄断协议一概而论。在经济发达的西方国家，将垄断协议分为两种情况分别对待，一种是“本身违法”，即不论签订协议企业的状况，均视为违反《反垄断法》，如价格协议。另一种是“合

理的原则”，即根据企业签订协议的具体情况和对市场影响的大小，判断是否具有限制竞争的垄断行为。对于电信企业的横向限制竞争行为，原则上适用本身违法原则，仅在特殊情形下，适用合理原则，或予以豁免。对于纵向限制竞争，一般适用合理原则，但若存在排斥其他企业参与竞争的目的或意图，则应适用本身违法原则；对于电信企业联合抵制、串通招投标等行为，应适用本身违法原则；对于限制价格行为，除因国家固定价格规制以为的其他情形，也应适用本身违法原则；对于分割销售市场行为，则应从经济技术特征出发分析其合理性，一般适用合理原则，但对能直接竞争的网络型业务分割销售市场，则应适用本身违法原则；对于排他性交易则使用合理原则，但若存在排斥其他企业进入市场的目的或意图，则应适用本身违法原则，以确保电信市场竞争得以充分实现。简而言之，对于电信企业纵向限制竞争行为，并不排除适用本身违法原则的可能性。

第四节　我国反垄断法在电信业中的适用

电信业 5G 技术的发展使传统的单一电信产品由专用转向通用，服务由单一转向综合。同时，电信业自然垄断性带来的在各自部门中优势地位也因竞争的引入而被打破。电信 5G 全面商用的推进，必将引发对垄断行业的规制机构改革及相关法律变革。在传统产品经济中发展起来的反垄断法需要积极面对 5G 时代的电信带来的挑战，担任好在电信 5G 进程中扮演的重要角色。反垄断规制部门需要结合 5G 时代电信业的特点，有针对性地运用反垄断法，发挥其应有的作用。

一、5G 时代电信业对我国反垄断法的挑战

电信 5G 技术的发展，推进了电信业跨行业融入，将使用不同终端的视频网络广播电视网和计算机互联网汇成一体，即所谓“数位网络产业”。“数位网络产业能将任何资料——不论是文字、声音、图形或数据转化为数字，然后再将此数字化的资料传送到任何网络之上，不论该网络使用什么技术网络平台。简而言之，数位网络产业不受平台限制。”① 基于传统产品经济中发展起来的反垄断法，在如何界定企业的垄断行为上正面临着巨大挑战。

① 刘孔中：《数位网络产业之竞争政策与竞争规范》，载《台大法学论丛》2001 年第 6 期。

（一）法律条文原则化，不利于执行

我国的《反垄断法》于2008年颁布实施，对于反垄断行为的界定只是原则性的规定。如《反垄断法》对“相关市场”的规定，本法所称相关市场，是指经营者在一定时期内就特定商品或者服务进行竞争的商品范围和地域范围，包括相关商品市场和相关地域市场。相关商品市场，是指根据商品的特点、价格及其使用目的等因素可以相互替代的一组或者一类商品所构成的市场。相关地域市场，是指相关经营者供给或者消费者购买相关商品的地域范围，并且这一地域内的竞争条件基本一致。① 该条规定比较模糊，缺乏具体界定标准，不利于实际操作。考虑到相关市场是整部反垄断法的基础性概念，更应慎重，否则会影响整个反垄断制度的稳定性。目前正值《反垄断法》修改之时，但从公布的《反垄断法修改草案（公开征求意见稿）》中还是可以看到有些需要细化的条文没有进行修改，比如反垄断法中的和解制度，即《反垄断法》第45条规定的经营者承诺制度，对承诺制度的适用范围、启用程序以及双方的权利义务规定不明等问题。

（二）反垄断法基于传统产品经济，对电信业的垄断难以界定

经营者滥用市场支配地位、联合限制竞争以及经营者集中的行为是反垄断法的严格规制的行为。5G时代的电信业使得产业边界日趋模糊，由此产生的新产品难以在传统市场中定位，增加了反垄断法在电信业的相关市场中运用的难度，对经营者的垄断协议行为和滥用市场支配地位行为难以确定。虽然此次在《反垄断法修改草案（公开征求意见稿）》正案中增加了“认定互联网领域经营者具有市场支配地位还应当考虑网络效应、规模经济、锁定效应、掌握和处理相关数据的能力等因素”，② 但此规定也只是对市场支配地位认定做了个案“合理分析”的原则性规定，在电信反垄断实践中还是存在认定困境。如：中国移动和中国联通《5G网络共建共享框架合作协议书》，两家企业通过合作协议、建立战略联盟的方式，以划定区域共建5G网络。虽然两家增强了5G网络和服务的市场竞争力，提升网络效益和资产

---

① 王春晖：《电信竞争的法律规制——电信竞争中的热点法律问题透析》，北京邮电大学出版社2008年版，第131页。

② 《中华人民共和国反垄断法修订草案（公开征求意见稿）》，载法律界：http：//www. mylegist. com/zixun/28978. html，2020年3月23日。

运营效率，实现双方互利共赢，① 但合作协议的划定区域共建是否认定为横向垄断协议，还需要结合两家企业的业务结合环节来具体考量。如果两家企业的合作、联盟目的是为了资源整合，降低企业经营成本，提高核心竞争力，这样的行为显然不具有垄断行为的破坏性，那么反垄断法也就不能一概而论了。如何在结合整体经济利益及限制竞争的不利间求取平衡，就急需反垄断法进一步细化明确认定标准。这给传统反垄断法关于经营者联合限制竞争规制带来很大的挑战。

二、面对5G时代我国反垄断法规制机构的困境

我国反垄断法的规制机构对于反垄断法的运行、产生实效有至关重要的推动作用。依据我国《反垄断法》规定，我国反垄断执法机构由三个部门组成：国家发展改革委员会、国家工商总局和商务部。具体而言，反垄断的执法监督由发改委负责；对于滥用市场支配地位的行为，如搭售商品、限定交易的审查和执法由国家工商总局公平交易局负责；经营者集中的审批则归于商务部负责。我国反垄断执法机构的分立式多头监管模式仍是基于传统的产业分立的基础设立的。在传统的产业分立的情况下，需要针对不同的部门设定专门的规制内容，由多重规制者进行多头监管方能达到规制效益的最大化。但是，5G时代的电信业由单一产业走向了融合型产业，新的产品、服务将跨越不同的传统部门，现行的规制机构设立模式虽没有给我国的行政体制造成太大影响，但这种多元模式缺乏统一性，面对电信5G的发展，此种模式的弊端就十分突出。主要表现为：

1. 多元执法导致力量分散

我国现行多头监管的反垄断执法模式因其规制机构的多重，就会导致在反垄断执法过程中力量分散，不利于反垄断执法权力的集中统一行使。电信5G的全面商用扩大了反垄断法对电信业的规制对象。其中电信业、广播电视业、互联网业通常是掌握着丰富资源和拥有雄厚财力的大企业集团。这要求反垄断执法机构必须享有集中而广泛的执法权力，才能确保其在和垄断行为博弈时具有足够的惩治力与威慑力。我国目前的反垄断执法机构模式显然会因反垄断执法力量的分散行使而大大削弱其对垄断行为的惩治力与威慑力，不利于反垄断执法职能的充分发挥。

---

① 孙晋、周航：《5G“网络共建共享”的反垄断法分析》，载《学习时报》2019年10月2日。

2. 多元执法造成严重的执法矛盾

我国现行的反垄断法对国家工商总局、国家发改委和商务部各自的反垄断执法权限做了明确的划分，但从实践来看，垄断问题是一个复杂的、综合性问题，涉及的问题也是多方面的。在三网融合中，一个企业的垄断行为会同时涉及垄断价格协议、滥用市场支配地位等诸多问题，这就会造成三个执法机构的职权交叉，而一旦这种职权交叉因协调不力演变成职权冲突和执法冲突，则会大大降低执法效率，提高执法成本和难度，这显然不利于反垄断执法职能的有效发挥。

3. 反垄断执法机构与行业规制机构的协调问题

电信业虽然具有显著的自然垄断属性，但这并不意味着电信业排斥我国反垄断法对其适用。我国《反垄断法》以列举的方式将农业生产者及农村经济组织在经营活动中实施的联合或协同行为规定为反垄断法的适用除外。由此可见，我国反垄断法对电信业仍可适用。按照目前我国法律规定，电信网和互联网由工业和信息化部管理，视频电视网则由国家广播电视总局管理。因此，在涉及市场准入、商品服务自由流通的市场竞争问题时，行业主管机关有可能与反垄断法执法机构共同管辖。基于电信业“政监合一”的监管模式，行政主管部门往往会考虑自身利益，很容易导致行政垄断行为。此次《反垄断法修改草案（公开征求意见稿）》将公平竞争审查制度纳入反垄断法中，但目前我国公平竞争制度施行时间不长，还存在着审查不全面等问题，这就需要行业主管部门与反垄断执法机构相互协作，而反垄断执法机构的多头管理有可能会增加机构间相互合作的难度。

第六章　电信法律规制的域外比较分析

纵观世界各国对电信业的规制，尽管各国电信业发展水平、规制手段不同，但都一致认识到打破垄断、引入竞争是电信业发展的核心。一国电信业发展水平的高低不仅取决于电信技术，更取决于对电信业法律规制是否适应电信业融合发展的趋势。我国电信业的发展经历了数十年，虽然已经基本实现电信业全业务经营，但仍然落后于域外发达国家的电信业水平。究其原因，一是作为新兴行业的三网融合没有明确具体的规制机构，仍然延续着传统的分业监管模式，导致电信业规制出现“乱”象；二是缺少专门的权威性的行业规制法律支持，现有的电信业立法层次较低，绝大多数属于管理性的行政规章，以至于法律的实施非常困难。① 通过对域外典型国家电信业法律规制的借鉴，希望能推进我国电信 5G 的建设。

第一节　域外电信业规制模式比较

对于电信业规制问题，我国同其他国家没有实质性区别，只是发达国家电信业发展更为迅速，在电信业的法律制定的完善程度上都比我国要成熟。综合世界各国电信规制改革的情况，主要有三种路径，也可称为三种模式：一是英国 OFCOM 的分权模式，二是美国 FCC 的统分结合联邦模式，三是日本的政府监管模式。“美国、英国是信息业发达国家和全球信息产业改革的先行者，其法律规制的价值取向和规制模式都被认为是具有代表性的模板。”② 日本与我国电信规制机构具有类似性，均是由政府部门进行规制，对日本规制模式的研究能更有效地为我国电信业规制提供借鉴。

---

① 冯军：《互联网不能不管，但要善管》，载《环球法律评论》2001 年第 23 期。

② 王红梅：《电信全球竞争》，人民邮电出版社 2000 年版，第 38 页。

一、英国 OFCOM 的分权模式

1. 英国电信行业监管法律

英国在 1984 年将英国电信私有化，其 51%的股权出售，制定 Mercury 进入英国电信市场的双寡头竞争政策。在此背景下，英国于 1984 年通过了《电信法》，“该法的主要原则是企业私有化、鼓励竞争、保护消费者的利益，保障普遍服务，推动了英国电信业的发展”。① 英国在《电信法》中还确立了英国第一个电信规制的独立统一机构——电信规制局（OFTEL）。同年，英国颁布了《有线电视与广播法》，放开了电话业务市场允许广播电视运营商进入电话业务的限制，在 1990 年修订的《广播法》中进一步放宽对电信和广播电视运营商的经营限制，允许电信运营商进入广播电视业务，对尚未接入有线电视的家庭提供网络电视服务，到 2001 年可以在全国范围内对所有的用户提供广播电视业务。后来随着英国三网融合的发展，电信、广播电视以及互联网市场竞争的加剧，对电信法律规制提出了新的要求。英国国会于 2003 年通过了新的“电信法”，即现行的《通信法》取代了 1984 年的《电信法》，该法对英国原有的电信规制机构做了重大变革，将原有各自独立的五个相关规制机构——电信规制局（OFTEL）、独立电视委员会（ITC）、广播规制局（RA）、广播标准委员会（BSC）和无线通信规制局（RCA），合并成为一个全新的独立规制机构通信管理局（OFCOM），“负责对英国整个通信行业（英国将广播、有线电视、电信等行业统一称为通信行业）的资源进行统一规划和分配，并对所含的广播电视产业、电信产业和无线通信产业的发展进行行政监管，保障整个行业的健康、快速发展”。② 该法案还明确规定：传统广电和电信实行双向进入，对电信业采取竞争开放监管的办法，但是，对经营者进入广播电视业相对严格一些；对于融合性业务，广电和电信企业均可经营。③ 实施《电信法》后，竞争者进入的许可证制度实际被废除，市场竞争更多地依赖《竞争法》所赋予的权利，将经营者置于《竞争法》的规制之下“经营者如果被发现有违背《竞争法》可被处以罚款”，这些规定是《电信法》所没有的条款。

---

① 资料来源：英国 1984 年《电信法》。

② 刘颖悟：《三网融合与政府规制》，中国经济出版社 2005 年版，第 138 页。

③ 曾剑秋、樊海岚、张静：《三网融合产业链分析》，载《电信技术》2010 年第 10 期。

2. 英国电信经营者竞争的法律规制

在对经营者违反竞争的规定实施垄断行为的规制上，英国《1998 年竞争法》和 1973 年《公平贸易法》是英国现行竞争法体系的核心框架。英国 1973 年《公平贸易法》是针对经营者独占和合并的行为。英国《1998 年竞争法》主要针对的是滥用市场优势地位和垄断协议这两种行为。在判断经营者滥用市场支配地位的规制上，《公平贸易法》是以市场份额作为法定标准，推断企业具有市场支配地位。市场份额的衡量可以涉及英国整个国家，也可以是英国的相关产业的某部分。《公平贸易法》给予规制机构在判断是否应将商品或服务作为一个独立特征的商品或服务时有自由裁量权。进入三网融合后，英国的《公平贸易法》和《1998 年竞争法》对经营者的垄断行为进行判定和处罚。在三网融合初期，经营者要受到《1998 年竞争法》规制的情形比较多，因为市场刚刚起步，并且电信业和广播电视业的经营者仍然有很大的市场份额，只有他们才有能力和机会发生滥用市场的优势地位的可能，这正好是《1998 年竞争法》所要规制的内容。在三网融合逐渐成熟和经营者众多的情况下，《公平贸易法》也会发挥它应有的作用。正是基于法律的明确授权，经营者的行为才能受到法律的规制。

3. 英国电信行业规制机构

英国原有的广播电视业和电信业的规制机构框架也是建立在传统的产业分立基础上，由于内容、传输渠道不同，共有 9 个独立的机构监管电视、广播和电信。自 20 世纪 90 年代开始，电信、广播电视、互联网逐步走向融合，传统的分立规制框架已经受到了新的挑战。为此，英国于 2003 年通过了新的“电信法”，确立了新的独立规制机构——通信监管局 OFCOM 的法律地位。

OFCOM 的编制约为 200 人，理事会为其决策机构。“理事会由 1 个执行主席、4 个执行主管和 5 个非执行主管组成，负责把握 OFCOM 的战略决策方向、监管 OFCOM 是否满足法定的监管职能和是否符合对社会公共机构的要求，同时还负责监管 OFCOM 的全部资金收入与支出。”① OFCOM 还设有许多委员会和咨询机构，如关于负责全面执行 OFCOM 政策的执行委员会、负责评估 OFCOM 内部控制、账目、审计的公平委员会、审计委员会，负责消费者利益问题的消费者委员会等。

---

① 王湘军：《电信业政府监管研究——行政法视角》，知识产权出版社 2009 年版，第 9 页。

OFCOM 的主要使命：一是接管五家电子通信业务法定规制机构①的全部职权；二是促进竞争，增加通信产业消费者的福利，确保基础网络资源的优化配置；三是满足消费者的产品需求提供优质的电讯服务；四是负责通信产业竞争法和行业法的规制；五是对电信业务采用新的统一规制框架取代传统的电信许可证的颁布；六是确保消费者的公平交易权以及保护消费者的隐私权。

4. 英国电信业的反垄断执法机构

英国的竞争主管当局是英国反垄断执法机构，《竞争法》赋予反垄断执法机构调查权、先予执行权和处罚权。英国反垄断当局采取两种方式确定经营者的垄断行为：一种是以英国全国的范围作为一个市场来衡量经营者的垄断地位，另一种是将经营者在英国有重要影响的地方作为衡量市场支配地位的范围。因此，英国的反垄断机构对电信经营者有调查权、先予执行权和处罚权，这对电信经营者垄断行为的规制有很大威慑力。英国为了让其他经营者不受妨碍地进入电信市场，取消了垄断电信市场的“双寡头垄断政策”，“允许大量企业进入电信产业，提供各种通讯服务，改变了英国电信公司和 Mercury 公司在经营电信业务上的垄断地位”。②

二、美国 FCC 的统分结合联邦模式

1. 美国电信行业监管法律

在美国电信业的发展过程中，1996 年的电信法起到了推波助澜的作用，为电信业的发展提供了法律依据和奠定了法律基础。1995 年美国联邦通信委员会（FCC）对美国最大的电信公司 AT&T 进行拆分。随后，在 1996 年，美国政府对通信法中的电信管理部分，作出了电信市场开放的修改，于是出台了《1996 年电信改革法》（*The Telecommunications Reform Act of* 1996）。《1996 年电信改革法》的核心是破除 AT&T 在电信业的垄断地位，让其他企业进入到电信市场，鼓励有线电视公司开展电信业务，形成有效的市场竞争。1996 年的《电信法》还通过修改了 FCC 的“Video Dial Tone Rule”，推翻了电信与广播电视业之间的“柏林墙”，取消了电信业与广播电视跨业经营的限制。

有线电视经营电信方面，1996 年《电信法》规定有线电视经营者不必另

① 五家电子通信规制机构包括：电信管制局 OFTEL、独立电视委员会 ITC、广播标准委员会 BSC，无线管制局 RA 和无线通信局 RCA。

② 殷继国：《论我国电信业不对称规制法律制度的完善》，载《北京邮电大学学报》2010 年第 8 期。

外取得执照，有线电视发照当局不得以经营者未获得电信营业执照为由，终止其电信业务或者中止有线电视业务；有线电视发照当局也不得以限制有线电视经营者经营电信业务为目的增加有线电视经营者的要求。

电信方面，电信营业者关于电视节目传送系统的运营也不需要取得执照。虽然美国对电信经营视频业务放宽限制，但相比有线电视，电信经营视频业务方面的规定规则较为严格。电信业若要经营视频业务，要依照传输的方式接受政府的管制：以无限广播方式传输信号，视为广播业者加以规制；以公共载具的方式传输信号则以电信业者的身份接受规制；经营非开放视频业务：以有线电视经营者加以规制；经营开放视频系统：以开放视频系统经营者身份接受政府规制。①

美国1996年的《电信法》不仅打破电信、有线电视之间的相互进入壁垒，更是开放了本地电信市场，允许各种公司进入电信行业进行充分的市场竞争。同时，《电信法》打破了准入许可限制，允许长话、市话、广播、有线电视以及相关服务业务相互融合，允许各类经营者之间相互参股、相互进入。这为美国信息产业的融合创造了自由竞争的法律环境，标志着美国电信与广电业进入了全面竞争的时期。

2. 美国电信经营者竞争的监管法律

2007年美国国会通过了《美国竞争法》即《为有意义地促进一流技术、教育与科学创造机会法》，该法是以美国发达的经济水平为大背景，以反垄断为中心的法律。美国对经营者的垄断行为主要依靠反垄断法来规制，其主要包括《谢尔曼法》《克莱顿法》《联邦贸易委员会法》等。美国的反垄断法在监管企业并购时，不仅根据国内市场占有率来判断经营者的竞争行为是否已经构成了垄断，还要考虑在整个市场范围内经营者是否能够形成垄断。对全球垄断行为，要分析全球市场的条件和各个因素，而不局限于仅在本国市场范围进行考察，作出最终的决定。美国反垄断机构在执行反垄断法时，也要以整个国家利益为核心，以提高美国企业在世界市场的竞争力为目的，支持一些大型企业的重组与合并。但这些重组与合并需要置于反垄断法的监督之下，而不是盲目地一概拒绝企业的重组、合并。美国反垄断法的发展和完善，为三网融合的发展奠定了基础，向经营者提供三网融合后在市场竞争中获得公平的机会。

① “开放视频系统”是指电话公司在其服务区域内，通过电话线开展视频服务，而不允许电话公司去建设有线电视网来传输视频节目。

3. 美国电信行业规制机构

相比英国的行业规制机构，美国的规制机构复杂得很多。从纵向上看，涉及联邦机构和各州机构的关系，从横向上看，涉及三网的许多相关规制机构，包括立法、司法、执法机构，以及各个协会和咨询机构等。但在这些规制机构中，最具有影响力的就是联邦一级的规制机构——联邦通信委员会（FCC）。

美国早在1943年根据国会通过的《通信法》设立了联邦通信委员会FCC，这也是世界上最早设立的独立的通信规制机构。联邦通信委员会负责各州之间以及美国与国际之间的商业性的电视、卫星、通信的管理。FCC目前的工作人员约为2000人，实行委员会制。由总统提名并经国会批准产生5名委员，组成FCC的最高机构，其中一名委员由总统任命为主席，主席负责FCC日常所有的协调和组织工作。“经FCC批准，主席可以任命一位管理主任，在主席的监督和指导下履行主席授予的管理和行政职责。FCC内设7个运行局和10个办公室，负责对电信、有线电视、互联网网络和内容的规制，主要包括发放电信业务许可证，分配频率，协调运营商之间的矛盾，确保电报公司、卫星公司和其他提供公共视频服务公司有效竞争的监管措施。”①

《电信法》对FCC的职责规定十分清晰，主要有以下四个方面：一是对美国国内的通信权的监督和管理，保障全体国民获得优质、价格合理的通信服务；二是为国防提供服务；三是对电信公司新增设的通信设施和服务的审批；四是为了公共利益，经过听证程序裁定各通信公司网间互联互通义务；五是在《电信法》的指导原则下制定出具体的通信规制制度。

FCC的规制范围涉及联邦一级和州一级的有线和无线通信业务。FCC作为联邦一级的独立的规制机构，具有准司法权、准立法权。作为权威十足的超级规制机构在推动美国三网融合，促进市场竞争中扮演着越来越重要的角色。

4. 美国电信业的反垄断执法机构

美国新《电信法》颁布后，规定经营者可以进入电信、电视、互联网市场，垄断行为的调查主要由“联邦通信委员会、司法部反托拉斯局、联邦贸易委员会和法院进行”。② 联邦通信委员会审核电信企业在市场的垄断行为时，

① 欧阳武：《美国的电信管制及其发展》，中国友谊出版公司2000年版，第78～80页。

② 王湘军：《电信业政府将研究——行政法视角》，知识产权出版社2009年版，第95页。

必须依据美国的反垄断法。联邦贸易委员会和反托拉斯局作为隶属于国会的相互平行的规制机构，它们共同负责执行电信业的反垄断执法工作，具体划分：司法部反托拉斯局对主要负责提起禁止经营者垄断行为的民事诉讼和违法单位，对单位处以罚金以及对个人处以监禁、罚金的刑事诉讼；联邦贸易委员会可以对经营者的垄断行为提起民事诉讼，它只在民事方面对违法者提起诉讼和制裁，但不能提起刑事诉讼。美国法院有处理电信经营者的垄断行为案件的权力。

三、日本的政府监管模式

（一）日本电信行业监管法律

日本对电信行业的监管的法律主要是《电信事业法》和《NTT 法》。日本从 1890 年开始有了电信产业，此时日本采取的是国家垄断经营。直到“二战”以后，日本开始对电信业进行公司化改革，通过颁布《电信公众法》将电信部改组为日本电信电话公社。虽然电信电话公社以公司制成立，但没有改变电信业国家垄断经营的性质，电话资费需要通过《电信公众法》才能定价、调整；公司财政预算、公司人员工资需要经过国会批准才能执行；公司的经营决策者需要由总理内阁任命。到了 20 世纪 80 年代，受英美国家电信国有企业改革和竞争的影响，日本颁布了《电信事业法》，对日本电信国有企业进行改革，鼓励和发展民营资本进入电信市场。《电信事业法》的颁布极大地丰富了日本电信市场的运营商主体。同时《电信事业法》将电信运营商进行分类管理。日本颁布的《NTT 法》将最大的通信公司 NTT 进行民营化改革，并在《NTT 法》规定：“政府须保有 1/3 以上的公司股票”以保障日本对 NTT 公司的干预，避免 NTT 公司过度的私有化。直到 1992 年和 2001 年两次修改《NTT 法》，逐步放款外资企业对日本电信企业的持股比例，实现了日本电信市场的自由竞争。对于电信运营商的管理，日本政府在 1997 年修改了《电信事业法》，取消了原来将电信运营商的分类管理，实现了电信市场多元主体经营局面，为日本电信业的发展提供了宽松的环境。

（二）日本电信行业规制机构

日本最早开始对电信业进行监管的部门是邮政省，它主要负责三个方面的监管：电信业的政策和管理、广播电视的政策制定和邮政业的经营。在 1998 年，日本通过了《中央政府部门机构重组基本法》，作出了对政府的机构和部门进行重大调整的规划，将邮电部并入总务省。① 此时日本电信业的监管由统一部门总务省负责，其主要职责是：制定全国电信产业发展整体规划；制定具体的电信监管实施细则；负责推行这些政策和规则。② 总务省下设两个局——信息政策局和通信局。信息政策局负责日本电信和通信发展的宏观政策制定，通信局负责对电信业进行具体行业监管。另外，总务省还设立了各专门委员会。各专门委员会的职责是根据总务省的要求，就某一问题进行调查并向总务省提交报告，总务省根据收到的报告对现有的管理体制进行改革。③ 日本对电信业的监管和我国目前的监管模式十分相近，是目前经合组织为数不多的没有成立独立的电信监管机构的国家。但从日本监管机构的职责来看，它具有更高的权威性，其内部机构的分工明确，极大地促进了日本电信业的发展和电信市场的有序竞争。

第二节 域外电信业规制的启示

从英、美、日三国政府对电信业的规制来看，英美电信业发展是以市场为主导的电信业法律规制改革，日本是以政府为主导的电信改革。作为市场经济发达的国家，英、美、日三国的电信业发展比较顺利。英、美国家的电信规制改革是以市场为中心，尊重市场主体参与意愿，政府提供有效的激励机制。日本与我国电信业监管有着极为相似之处，日本电信业在国家垄断的基础上成长起来。日本政府在电信市场发生结构性变化后进行了更大幅度的法律规制改革，为电信业市场竞争创造了良好的外部环境。对英、美、日三国电信监管的比较分析，为我国电信 5G 商用提供借鉴。

一、完备的法律制度

在域外，尤其是市场经济发达国家，规制机构改革一般都是立法先行，先立法后改革。英国、美国、日本的电信业规制机构改革同样也遵循这一原则。他们在组建或重构电信业的规制机构前都制定或修订了相关法律。比如，美国

① 陈杨：《日本电信监管体系及电信立法修改概况》，载《中国物价》2003 年第 12 期。

② 李长喜：《各国电信监管体制比较研究》，载《电信软科学研究》2003 年第 10 期。

③ 陈杨：《日本电信监管体系及电信立法修改概况》，载《中国物价》2003 年第 12 期。

联邦通信委员会FCC的建立及后来的调整依据的是1943年的《通信法》和1996年修订的《通信法》；英国的通信监管局OFCOM的组建依据的是2003年的《通信法》，日本总务省对电信业的监管，通过日本在1998年的《中央政府部门机构重组基本法》，进行政府机构改革将邮电局的监管职能纳入到总务省。总体来看，英、美、日通过法律的制定、修改明确了电信业规制机构的地位、权利和职责。

英、美、日三国是市场经济发达国家，对电信业的规制核心是围绕打破垄断，建立电信市场的有效竞争体系。英国在1981年的《电信法》，打破邮电局垄断电信市场经营，将邮电局拆分为邮政局和英国电信，同时鼓励英国水星公司经营电信业务，形成英国电信双寡头的市场经营。1984年新《电信法》明确了鼓励电信竞争的原则。在此原则下，英国三次出售了英国电信公司股份，逐步完成电信公司私有化。1991年，英国颁布《竞争与选择：年代的电信政策》白皮书，打破了英国电信市场的双寡头格局，到1996年，英国已经形成了完全开放的电信市场。

美国早在1934年颁布了《通信法》，为了适应电信业市场发展需求，1996年美国颁布《电信法》，废止了《通信法》。1996年《通信法》打破了电信、传媒和有线电视之间的界限，允许长话、市话、有线电视、广播、影视公司等相互渗透、相互参股，彼此进入对方的市场，① 美国的电信市场逐渐由分业经营转向电信全业务经营，建立了电信市场全面竞争的环境。由于美国的电信公司始终为私营，保证了美国的监管机构与电信公司相互独立，美国电信业监管机构的法治监管。在美国的法治经济中，司法也是不可或缺的。审慎的司法审查能够确保电信监管机构始终在法定授权范围内行使职权，美国电信业的诉讼不断矫正美国电信业朝着公平有序的方向发展。②

日本的电信业与我国电信发展模式相似，都是由国家垄断经营发展起来的，电信监管模式均为“政监合一”。但是日本在电信监管方面做了更多的创新改革。日本在《电信法》中明确，邮政大臣有权根据市场需求情况决定第一类电信经营者对市场的进入和退出。③ 在2001年，日本通过了《电信产业

① 肖叶飞：《西方国家三网融合的产业政策与规制措施》，载《中国有线电视》2012年第3期。

② Daniel A Lyons：*Tethering the Administrative State：the Case against Chevron Deference for FCC Jurisdictional Claims*，*Journal of Corporation Law Summer* 2011，The Journal of Corporation Law，2011.

③ 张桂娜：《电信行业行政监管研究》，北京邮电大学硕士论文，2014年。

法》，主要解决电信瓶颈设施，防止电信市场垄断的形成。

二、规制机构的非行政化和独立性

从世界发达国家电信业发展进程可以看出，他们都单独设立独立的规制机构，无须向政府任何部门负责，如美国的联邦通信委员会 FCC 和英国的通信监管局 OFCOM 都是独立于政府行政机构。而我国目前工信部是电信业的主要规制机构，工信部既负有产业发展的职能又有电信市场监管的职能，这种政监合一的监管模式会导致规制的冲突。随着全球化的浪潮，我国的规制机构的独立性要求以及“去行政化”将是历史的必然。

“规制机构的非行政化和独立化，主要是为了减少规制失灵。”① 政府规制失灵表现在两个方面：一是政府弥补市场缺陷的努力完全不起作用；二是政府实施规制后的效率低于市场自发调解时的效率。从以往的经验看，规制机构在规制过程中出现的“规制失灵”主要是由以下几个原因导致的：一是规制机构与规制企业之间存在信息不对称，企业逆向选择很可能造成规制的失效；二是由于规制机构可能被电信行业所控制，从而产生“规制俘虏”；三是政府的公共性和政府机构、官员的行为目标之间的差异和矛盾，从而使政府规制机构的行为可能偏离公共利益最大化或效率最大化的目标；四是政府所具备的强制性和普遍性，使规制有可能再次造成分配上的不公平和寻租的产生，使规制的实际效果与社会公共目标进一步偏离。

“在独立性规制中，规制机构既相对独立于政府，也独立于规制对象。”②独立性规制的好处在于可以减少利益集团的影响，约束规制机构侵占企业的信息租金，更加趋于专业化，增加决策的透明度。根据经合组织（OECD）关于规制改革的报告中指出：规制机构的独立性表现为法律赋予规制机构独立的法律地位，机构设置的自主权，规制者任期稳定，规制机构的经费有保障等方面，其目的是让规制机构具有独立的权力、独立的人员设置、独立的经费保持其真正独立于政府部门以及受规制者，避免规制机构的寻租，从而切实保障规制的透明、有效和公平。③

① 黄海波：《电信管制：从监督垄断到鼓励竞争》，经济科学出版社 2002 年版，第 216 页。

② 常欣：《中国垄断性行业改革的三线推进战略》，载《新华文摘》2004 年第 11 期。

③ Cecile Aubert and Jean-Jacque Laffont, *Designing Infrastructure Regulation in Developing Countries*, *Paulina Beato*, *Jean-Jacques Laffont*, *Competition Policy in Regulated Industries: Approaches for Emerging Economies*, The Johs Hopkins University Press, 2002, p. 9.

三、规制方式从直接规制转向间接规制

依照规制机构对企业的规制方式，将规制分为直接规制和间接规制两种。直接规制是规制机构通过行政、法律法规等手段直接对企业的进入、退出、价格、服务质量、信息披露以及投资、财务、会计等方面的活动所进行的规制方法。间接规制是规制机构不直接介入企业主体的决策，而是从外部制约束那些阻碍市场机制发挥作用行为的规制方法。① 间接规制政策的实施，通常依照法律程序来完成，涉及的相关法律有反垄断法、商法、民法和公司法及相关行业法律法规等。英国、美国的规制机构主要通过法律机制来完成电信业规制过程：首先，在规制机构的授权上，通过法律授权，根据法律规定来规制电信企业行为，而不是依靠行政力量取得规制的权力；其次，规制的依据是法律而非行政命令，在规制的过程中，规制机构的决策和执行都是依据行业基础法律和相关的法律法规；最后，对电信市场竞争方面所需要的规制，如企业的进入、价格以及服务质量等进行干预的领域引入激励性规制，并从立法上明确规制部门的权利，使电信市场竞争有法可循，规制权力有法可依。

① 周振华：《信息化与产业融合》，上海人民出版社2003年版，第413页。

第七章　走向融合的规制体系：5G 时代电信法律规制展望

我国电信业历经几十年发展已经具备了与发达国家比肩的 5G 技术，为使我国电信业在国际市场上具有竞争力，国家制度层面的推进起着关键性作用。从我国现阶段对电信业的法律法规来看，我国电信业的法律规制较国外相对落后。其一，我国电信业的相关立法层次较低，绝大多数属于管理性的行政规章，缺少专门的具有权威性的电信行业法律的支持。其二，仍然延续着传统的产业分立的法律规制体系，因此法律法规之间相互独立，无法契合 5G 时代电信业全业务发展。其三，我国电信业发展历史形成“证监合一”和多头监管的监管模式，导致我国电信业监管的乱象。因此，我国急需对电信业的相关法律规制进行修改，本章在借鉴国外电信业发展经验的基础上，从改变现有阻碍电信发展的多重规制机构和建立面向 5G 时代的电信法律融合规制体系的两个角度畅想我国三网融合的愿景。

第一节　5G 时代我国电信业法律规制框架重塑

建立适应电信业的发展法律规制体系是推进电信 5G 发展的重要前提。从国外的电信业发展及相关部门改革的过程中可以看出，法律制度起到了非常大的作用。与国外电信法律制度的发展相比，我国的电信业法律法规的改进显得迟缓。主要是因为我国缺乏促进电信业发展的科学、严谨、公正、权威的法律规范。如《中华人民共和国电信条例》早在 2000 年颁布实施，到目前为止已经施行了 20 年，其中的一些规定已经无法适应现在电信全业务经营的需求。

5G 时代电信业面临着因技术引发的产业融合问题，当务之急应从电信立法方面解决。我国的《电信条例》颁布已有 20 年，它仅仅是电信规制的起步，随着电信业的飞速发展，《电信条例》已不能真正应对电信全业务经营带来的法律融合规制的新要求，也没有为未来独立规制机构的诞生提供牢固的法律依据。因此，需要尽快制定一部能对电信业统一规范的法律——《电信法》，同时推进专门的行业法律修改，其主要内容包括：电信网络的市场准入，网间的互联互通，行业的公平竞争等各个方面，并与反垄断法相配合对经营者进入市场后垄断行为进行规制。

一、制定面向 5G 时代的电信业高位阶法律

从国外的电信立法经验来看，各国的电信业能够得到长足的发展离不开一部统一的部门基础法律——《电信法》。依法治国是我国的基本国策，规制法治化也是理应之举。正如哈耶克所说："欲使自由经济得到令人满意的运行，遵循法治乃是一个必要的条件，也是一个充分的条件。然而这里的关键问题在于，政府所采取的一切强制性行动，都必须由一个稳定且持续的法律框架加以明确的规定，而正是这种框架能够使个人在制定计划时保有一定程度的信心，而且还能够尽可能地减少人为的不确定性。"①

我国电信业发展已历经数十年，经过电信的六次重大的重组，加之广播网的基础网络建设，基本形成了初步电信业的市场竞争格局。但面临电信 5G 时代，电信全业务经营使得产业边界逐渐模糊，我国分业监管出现了电信法律规制的缺乏和重叠并存现象，造成目前我国电信业规制的乱象。其原因之一是规制电信业的权威性的高位阶立法缺位。解决电信业法律规制的框架问题，建立统一的法律规制体系是促进电信 5G 发展的基础。我国当前施行的《电信条例》不足以应对电信业的飞速变化，它没有真正解决电信业的法律规制融合问题，也没有为未来电信业独立规制机构诞生提供牢固的法律依据。建议在现有的电信条例基础上，修改不适应电信发展的法律条文，将电信条例上升为一部针对电信业统一规范的基本法——《电信法》。在制定的法律条文中应注意以下内容：(1)《电信法》中授权一个独立且中立的电信监管部门，实现证监分离。(2)《电信法》中明确基础网络服务商与电信边缘服务商的分类。5G 时代的电信业的全业务经营边缘供应商的数量和类别会越来越多，因此应将所有类型的边缘供应商都纳入《电信法》的规制范围。(3) 将三网融合的市场准入制度、价格制度、互联互通制度、普遍服务义务纳入《电信法》中，由《电信法》统一规制。(4) 建立违反《电信法》的惩罚机制，明确相关的民事责任、行政责任和刑事责任。《电信法》的出台可以为电信业的发展提供强有力的法律保障，解决经营者进入行业的纷乱无序局面，结束电信业市场规制

① ［英］弗里德里希·冯·哈耶克：《自由秩序原理》，邓正来译，三联书店 1997 年版，第 281~282 页。

的混乱状态。

二、建立面向 5G 时代的独立电信规制机构

国外电信业的规制机构的建立是一个不断改善和提高的动态演进过程。建成以后的电信规制机构与其他是规制机构相互融合，在重视理论的研究与社会发展的基础上，将规制范围和对象不断依据新的变化进行调整。同时带来电信业规制的效率的提升，规制机构内部人员充实，专业化水平高，这些都是值得中国电信业规制机构借鉴的宝贵历史经验。但中国的规制机构的建设绝对不能复制国外的模式，应结合我国实际建立适合我国电信业发展的规制机构。

（一）建立独立行业规制机构的意义和必要性

所谓规制机构的独立性，是指“规制机构立于传统科层式行政官僚体系之外，免于不当的政治干预与行政影响，独立自主运作，且其成员受一定之保障，不得任意任免”。① 规制机构的独立性与法律规制目标能否得到有效实现有着至关重要的联系，“是规制机构能否扮演好公共利益维护者角色的关键性因素，是规制机构的核心特征”。② 规制机构与规制对象不独立，将会导致电信市场的有效竞争难以实现。若规制机构不能独立于规制对象，其结果就是规制机构会尽力维持被规制者的垄断地位，从而确保被规制者的高额垄断利润。为了达到维护被规制者的目的，规制机构必然会尽力阻碍于促进竞争的法律出台，即使已有相关法律存在，也会利用自身权利，阻碍竞争者的进入，限制市场竞争。再则规制机构如果不能独立于政府部门，我国推动电信市场竞争的努力可能会被其他政策目的所替代。由于“政治人”过多关注的是选票，这与市场竞争不一定完全一致，在某些特殊的情况下，甚至可以牺牲竞争换取选票。并且，政府过多关注的是产业政策的宏观层面，有时候会将产业政策置于市场竞争之上，从而导致特定的市场竞争受到不当阻碍或扼杀。

（二）建立电信业独立行业规制机构

为契合 5G 电信全业务发展的需要，应建立一个跨行业的独立规制机构。这个机构能够独立于行业利益之外，有利于推动电信业涉及的各行业的相互融合开展，以及行业间产品的替代性竞争和产业间的竞争。跨行业的独立规制机

① 陈樱琴：《公平社会独立性之研究》，载《公平交易季刊》1999 年第 1 期。

② 马英娟：《政府监管机构研究》，北京大学出版社 2007 年版，第 34 页。

构不用考虑其规制权力的得失，更能平衡不同行业的利益，有利于在其规制领域有效竞争的形成。特别是对于5G时代的电信业，更需要这样的跨行业的综合规制机构对其进行整体规划。由于规制机构范围的扩大，被规制对象数量也会扩大，相互形成“集体行动”的可能性则大大降低，企业联合限制竞争的机会也会减少。而且跨行业的独立规制机构与被规制对象的关系没有部门行业规制机构那样紧密，从而也减少规制俘获的发生，形成政企联盟的概率也会降低。因此，建议在未来的《电信法》中明确设立一个跨行业的规制机构——“国家通信委员会”，其具有独立的法律地位，并在立法中赋予“国家通信委员”会最高的独立规制权力，它隶属于国务院。国家通信委员会可下设若干专业委员会，针对电信业不同业务进行专门规制。鉴于此，国家通信委员会应由通信领域的技术专家、法学家和经济学家组成，使其人事独立于行政部门。“国家通信委员会”规制的对象应包括电信基础设施建设、电信基础网络运营商和电信边缘供应商等各项基础业务和增值业务。

第二节　构建开放的电信市场准入规制

我国对电信企业的重组由最初的电信业国家垄断经营到双寡头市场，再到今天电信市场竞争格局的形成。然而我国目前对电信市场的基础业务和增值业务的准入制度均为行政许可制度。电信业虽然具有自然垄断性，但进入到5G时代电信全业务经营，市场性更强，竞争性更大。因此有必要放开电信市场准入规制。加之，我国在加入WTO时承诺我国电信市场的对外开放，鼓励多样化资本加入我国电信产业有利于电信市场竞争秩序的维护。

一、为经营者公平进入市场提供法律依据

在电信业不断发展的趋势下，我国业界和学者都在呼吁《电信法》的出台，以法律的形式保障电信经营者的市场的公平进入。虽然我国《电信条例》将语音、文字、数据、图像的传播纳入电信类，但是有线、无线的视频传播却被排除在外。按照我国现有的《互联网视听节目服务管理规定》，视频节目由广电总局监管。由于工信部和广电部实行分业监管，这样的分业监管会带来网络视频运营商的双重准入许可，两部门之间的“井水不犯河水”使得运营商之间的无障碍进入变得困难，增加了电信市场的市场进入壁垒。建议在制定《电信法》相关法律条款时，应明确“电信”的概念，网络视频、电信边缘业务包含在其规制范围内，为电信和广电的相互进入提供法律依据，给我国电信

业的融合的规制体制奠定基础。

在电信增值业务的准入方面，我国逐步转向电信市场的完全开放。2013年工信部开始向网络虚拟运营商发放移动转售业务试点牌照，希望引入更多的运营商进入电信市场竞争。经过四年的试点，在2108年向社会公示《关于移动通信转售业务正式商用的通告（征求意见稿）》，这预示着网络虚拟运营商将获得正式的准入资格。2014年我国成立中国铁塔股份有限公司，电信业的三大巨头退出了电信基础网络建设和维护，将竞争视线转移到他们擅长电信核心网络运营上，形成更大的市场竞争。希望通过网业分离，缓解网络虚拟运营商进入骨干网络高额费用，但是中国铁搭公司的股东是三大运营商，虚拟运营商的网络接入依然被三大巨头控制。对于我国5G时代电信业的发展要坚持非对称的双向准入，对弱势企业和潜在的运营商给予法律和政策的扶持，建立科学的准入制度。由于我国电信业发展变化快，市场准入制度要随着行业基本面的变化予以动态调整，及时修改我国电信市场准入的部门规章，清理相关的红头文件，在法律层面打破市场进入壁垒。

此外，考虑到我国进入WTO时对电信市场开放的承诺，我国还需适时修改《外商投资电信企业管理规定》，虽然该规定降低了外商进入我国电信业的准入，但是在持有股份上还是做了严格限制，基础电信业的持股比例不得超过49%，增值电信业务不得超过50%。外资企业有着先进的技术，在电信运营中其优势主要集中在上游或下游产品的环节，如软件、芯片和终端产品。这些环节也是未来5G发展的重要方向，我国可以放宽限制，采用中外合资的方式，适当增加外资持股比例，吸引更多外资企业进入我国电信增值业务的领域，提升我国电信5G的技术水平。

二、分类制定市场准入标准

我国对电信业的改革目标是形成电信市场的自由竞争。2014年中国铁塔公司的成立，标志着电信基础网络建设维护与电信网络运营的分离。我国开始网络虚拟运营商发放移动转售业务试点牌照，表明在我国电信网络运营上出现了新的业务。总体看来，可以将我国电信市场进行四类划分：电信基础网络建设、基础电信网络运营、电信增值业务、网络虚拟业务。

电信基础网络建设，由于电信资源属于国家所有，而且基础网络建设投入成本高收效慢，将基础网络建设开放会导致资源的浪费和重复建设问题，不利于资源的优化配置。建议基础网络建设由国家垄断经营，同时考虑到网络的国家安全问题，也不建议外资过多的准入，可以有限开放基础网络建设的外资准入比例。

电信基础网络运营市场，对于有数量限制的基础网络运营的市场准入可采取招标、拍卖等方式办理许可证。公开、公平地明确规定企业的准入条件，并向符合条件的企业依照法定程序招标或拍卖数量有限的许可证。其优点在于：(1) 将网络运营权和电信资源的使用权分立，能够最大限度地促进市场竞争；(2) 将电信稀缺资源认为是企业的财产允许其流转，实现了资源效益的最大化；(3) 提供在形式上公开、透明的公平竞争机制，从而降低交易成本，防范权力寻租的发生。

电信增值业务和网络虚拟业务，这两类业务是在电信网络上衍生出来的边缘产品。电信资源仅作为这两类业务运营的基础平台，这两类业务的竞争主要集中在服务产品的质量上，这两类不宜用严格的市场准入加以限制，由市场机制更好地实现电信资源的优化配置。因此对于没有数量限制的网络运营业务的准入，采取行政审批方式，即只要符合法律规定的企业，依法向规制机构提交申请文件后，规制机构必须在法定期内给予许可。但必须明确准入条件应为客观、公正和无歧视性的，既不能成为妨碍在位企业竞争的不合理限制，也不能不恰当地阻碍潜在竞争者的进入和新进入者的竞争。

三、电信业准入政策的公平竞争审查制度的适用

公平竞争审查制度旨在约束政府行为，以确保今后政府出台的各种产业、投资政策，都要以不破坏统一市场和公平竞争为前提。① 依照我国《国务院关于在市场体系建设中建立公平竞争审查制度的意见》（国发〔2016〕34号，以下简称“34号文”），公平竞争审查既包括增量政策也包括存量政策的审查。我国对电信业的准入主要是依靠政府的行政管控，有关电信业准入的政策十分多，根据北大法宝数据统计，电信业司法解释有425篇，地方性法规33篇，地方政府规制20篇，地方规范性文件876篇。对电信业准入的有两个非常重要的法规即《电信条例》和《外商投资电信企业管理规定》。《电信条例》在2016年进行了修改，但对进入电信业的企业和资金都有较高要求，《外商投资电信企业管理规定》也是对外资的投资比例做了限制性规定。考虑到我国电信5G发展对资金和技术的需求，按照“34号文”“有序清理存量”的要求，对市场主体反映比较强烈、问题暴露比较集中、影响比较突出的规定

① 《民间投资增速骤降，国务院发文要求建立公平竞争审查制度》，载澎湃新闻：https：//www.thepaper.cn/newsDetail_forward_1483684，2016年6月14日。

和做法，要尽快废止。我国电信业经过几十年的变革发展迅速，许多政策已经不能适应电信市场竞争的需要，特别是对于电信5G的发展，应将滞后的法规政策适时废除。同时，“34号文”也指出，对以合同协议等形式给予企业的优惠政策，以及部分立即终止会带来重大影响的政策措施，要设置过渡期，留出必要的缓冲空间。面对数量巨大的文件审查，可以借鉴澳大利亚的“排除、限制竞争的政策措施必须能够证明总收益大于总成本，并且是实现政策目标所必须的，否则该政策措施就是不具有合理性”原则①，以工信部牵头，各部门、地方对现有政策进行公平竞争审查。

第三节　培育公平竞争的行业规制制度

5G技术推进了电信市场全业务经营的加速拓展，电信全业务的开展促使市场资源重新整合，利益再次分配。在这一过程中，电信市场呈现出多维度的融合，市场上的各个主体都想进入对方市场，但居于市场主导地位的企业又不愿意向他人开放市场，导致市场主体间的博弈愈演愈烈。面对这种局面，政府应遵循技术经济特征和政治组织架构，扮演清除融合障碍的角色，逐步推动监管融合，注重平衡融合各方的市场力量，把这种利益冲突转变成良性的市场博弈。②

一、重建基于市场竞争的价格体系

根据我国《价格法》第18条规定，与国民经济发展和人民生活关系重大的极少数商品价格、资源稀缺的少数商品价格、自然垄断经营的商品价格、重要的公用事业价格、重要的公益性服务价格实行政府指导价或者政府定价。③对照我国政府指导价和政府定价制度，存在着价格规制目标不清、方法简单、规制主体混乱等问题。基于以上原因，我国需改变成本加利润的价格规制方法，具体建议如下：第一，以“实现资源合理配置；促进社会合理分配；促进企业提高效率；保证企业正常经营”④ 为目标引入价格上限规制。价格上限

① 张占江：《中国法律竞争评估制度的构建》，载《法学》2015年第4期。

② 岳宇君、葛伟：《三网融合的制约、较优策略与管理政策演进》，载《南京邮电大学学报（社会科学版）》2015年第12期。

③ 彭云飞、马超群：《中国电信资费管制问题与方法研究》，载《北京邮电大学学报》2006年第4期。

④ 任俊生：《中国公用产品价格管制》，经济管理出版社2002年版，第116页。

规制不仅考虑通货膨胀率，还要考虑企业销售利润率和产品质量的因素。第二，结合我国实际条件，以价格上限规制为基础适当引入价格下限规制。在竞争的形式下，价格下限规制能够防止和避免不正当的价格竞争行为，重点是防止恶性价格战。第三，我国电信行业技术发展非常迅速，电信市场价格受技术因素的影响非常大，因此对我国电信业的价格监管也要综合各影响因素施行动态调整。

另外，5G时代意味着智慧城市将成为现实，电信价格与普通民众息息相关，对于由政府主导定价的电信行业的市场定价应该进行价格听证制度。但我国电信业的价格听证制度还存在着公众参与渠道不畅，听证结果反馈不及时的问题。因此，需要完善我国的价格听证制度。一方面要扩大听证代表遴选范围，鉴于普通民众对电信技术的缺乏，应在价格听证任选中设定一定比例的具有专业知识的人员参加，这样能体现不同利益群体的意愿，为政府定价提供全面有效的参考；另一方面，有定价权的政府应对定价进行集体审议，在审议时参考价格听证会的意见反馈进行研究讨论，保证定价的合理性。

二、施行激励与约束并举的互联互通机制

虽然我国出台了一些互联互通的相关法律法规，但互联互通问题并没有完全解决，互联互通质量不高，恶意阻碍互联互通等问题比较严重。因此，我国应对互联互通作出如下规定：第一，明确电信网间互联互通的程序。由于互联互通涉及多个企业利益，在技术上具有复杂性，规制机构必须对互联互通程序作出规定，如可以依照国际管理引入标准的互联互通合同文本。第二，未来修改《电信条例》或出台《电信法》时，细化电信网络间的互联互通义务。包括主导运营商互联互通年报制度、对新进入运营商在接入费制度的定价计算方式、制定网络接入质量技术标准和服务评价标准。在接入质量和服务上要求无差别对待，不得以提高接入价格或者降低接入质量，排除或限制市场竞争。第三，构建公平的互联互通资费规制方式。互联互通的物理连接费可以采用共同分摊法，由互联互通各方平均分摊；接续费应采取以成本为基础的规制，可以选择增量成本加成法或全要素长期增量成本法。第四，加强互联互通质量的监控。质量监控技术复杂，且规制成本高。但由于互联互通质量既关系到消费者切身利益，又可能演变为主导企业、实质支配市场的企业和影响市场的企业排斥竞争者的手段，因此必须予以规制。这一规制手段最困难之处在于找出互联互通质量差的原因。鉴于小企业阻扰互联互通的概率较小，为降低经营成本，一旦出现互联互通质量问题，应采取举证责任倒置原则，即推定出于强势地位

的主导企业、实质支配市场的企业和影响市场的企业负有责任。若能证明其按操作规程和法定标准履行义务，且质量问题非由其引起的除外。第五，充实互联互通争议解决机制。应包括争议的范围、管辖机构、解决程序等内容，以及协议解决、规制机构裁决、仲裁和诉讼等争议解决形式。第六，强化违反互联互通违法责任。对于违反互联互通的企业要追求民事责任、行政责任，对社会造成重大影响的应追究刑事责任。同时要建立违反互联互通的公示制度。

三、完善普遍服务规制制度

早在2000年的《电信条例》就对普遍服务义务进行了规定："电信业务经营者必须按照国家有关规定履行相应的电信普遍服务义务。国务院信息产业主管部门可以采取指定的或者招标的方式确定电信业务经营者具体承担电信普遍服务的义务。电信普遍服务成本补偿管理办法，由国务院信息产业主管部门会同国务院财政部门、价格主管部门制定，报国务院批准后公布施行。"① 普遍服务从我国20世纪80年代开始实行，主要是由中国电信承担普遍服务义务，到目前已基本实现村村通电话。我国普遍服务的目标是到2020年实现"信息服务人人"的目标。自1998年以后，电信业几经改革重组，中国电信已不再具有明显的市场优势，特别是5G技术带来市场多维度的融合，加剧了市场的激烈竞争。中国电信的普遍服务出现的诸多问题，其根源就在于我国的普遍服务缺乏保障机制，以及后期面临运营和维护成本的补偿难题，我国应及早完善普遍服务的规制制度，主要内容如下：

首先，从实际出发制定合理的普遍服务目标和项目。可以根据中国当前的情况以及电信5G技术的特征进行确定。当前中国的5G电信技术还处于起步阶段，而不应强制性地将5G网络技术推向那些连基本通信都无法达到的偏远农村。同时还应依据我国经济发展水平增加普遍服务项目。如对于已经实现基本语音通话和数字网络运行比较通畅的地区，今后的普遍服务就从普及4G网络逐步扩张扩展到5G网络的普遍服务上，以缩小城乡"数字差距"。

其次，完善普遍服务基金制度。电信网、有线电视网负有普遍服务义务并无争议，关键在于以何种方式提供。普遍服务基金制度符合竞争公平、利益中性、信息公开、过程透明的原则。而我国最为缺乏的正是普遍服务基金制度，在尚未开放竞争领域甚至采用行政手段来确保普遍服务的实现。因而，应将缴

① 何霞：《网络时代的电信监管》，人民邮电出版社2010年版，第157页。

付普遍服务基金作为电信基础建设企业和电信基础网络运营商的法定义务，规范地实现普遍服务。

最后，普遍服务基金的公平化。普遍服务基金是目前世界上通行的提供普遍服务的方式。在我国建立普遍服务基金已无太多障碍，关键是如何公平有效地获得普遍服务基金。采用竞争的方式获取普遍服务基金可以保证电信企业间的公平竞争。将高成本、低收益的偏远地区纳入可竞争范围，将已实现基本语音通话的广大农村地区的项目扩展也纳入竞争范围。这为新进入者提供了广阔的竞争空间，也有利于电信市场竞争的形成。

第四节　促进行业法与反垄断法的融合规制

美国学者博登海默说过："任何值得被称为法律的制度，必须关注某些超越特定社会结构和经济结构相对性的基本价值。"① 反垄断法的价值目标是维系市场竞争机制、实现社会实质公平、保护消费者权益、促进技术创新与进步。电信业具有技术的全程全网性，经济的外部效应、规模经济、范围经济和自然垄断特性，这导致了三网融合企业因其经济特性和技术特性滥用市场支配地位、达成垄断协议、联合限制竞争等垄断行为，从而损害消费者利益，阻碍社会经济技术的发展。因此，我国的《反垄断法》在电信市场竞争中应当有所作为。

一、电信行业法与《反垄断》法的适用选择路径

我们不能因电信业的经济特性而盲目适用反垄断法，正如经济学家萨缪尔森说过："反垄断法在企业变成一头垄断的野猪时，防止它到处乱窜。"② "垄断组织作为经济组织形式，没有合法与违法之分，是中性的，只有当垄断组织是以限制竞争、取消市场为目的而成立或垄断组织实施了破坏竞争秩序的行为时，才是违法的，反垄断法才予以禁止或抑制。反垄断法不反对经济规模和大企业，只是反对限制竞争的大企业滥用市场支配地位的行为。"③

---

① ［美］博登海默：《法理学：法律哲学与法律方法》，邓正来译，中国政法大学出版社 1999 年版，第 119 页。

② 孔祥俊：《反垄断法原理》，中国法制出版社 2001 年版，第 1 页。

③ 陈亮：《红头文件造垄断怪胎　反垄断法先拿电信开刀》，载《中国经营报》2004 年 10 月 23 日。

（一）垄断行为的认定

未来5G时代的电信业，通过市场竞争的优胜劣汰必然会出现一些具有很强的市场实力的企业，我国《反垄断法》破除的不是这些企业的市场地位，而是当其滥用市场优势地位阻碍或禁止其他的特别是新的市场进入者实行限制性竞争的行为，对企业间的竞争人为地制造障碍时予以严厉规制。电信业全业务运行会使电信在位企业为了维护市场地位更容易形成纵向联合的垄断行为。但对于纵向垄断协议是否《反垄断法》必须规制的问题，反垄断执法机关应当分清横向垄断协议与纵向垄断协议的区别，以及纵向垄断协议的限制竞争的认定标准。横向垄断协议必然会消除企业间的竞争，增强企业的市场竞争力。排挤竞争对手，是《反垄断法》严格限制的行为。纵向垄断协议一般涉及的是互不竞争的企业，通常没有反竞争的倾向。5G时代的电信业的垄断协议更多的为纵向协议，其最典型的表现为与“上游”的供应商和“下游”的零售商之间达成的协议。电信业的纵向协议可以解决低效率的“双重加价”问题。因为一个经营者销售两种不同产品的价格，低于两个经营者单独销售的价格。但电信企业间的纵向协议并不是完全无害的，在某种程度上也可能损害市场竞争。比如企业间达成纵向协议后，有可能以提高向竞争者提供产品的价格或降低服务质量的方式，增加竞争者的边际成本，抑制市场竞争。在此情形下，达成协议的企业能够在价格上涨和竞争者用户流失两个维度获利。因此，反垄断规制机构在对纵向协议进行审查时，必须要考虑到以下因素：（1）达成纵向协议后企业通过向竞争对手出售产品获得的利益；（2）竞争对手需求的可满足程度；（3）竞争对手在面临价格上涨时转向达成纵向协议企业的产品幅度；（4）达成纵向协议的企业在新客户身上获得的利润；（5）纵向协议达成后的企业与新进入市场企业相比进入市场的难易程度。根据以上因素衡量竞争者与纵向协议产生的经济效率之间的关系，在经济效益明显低于竞争者损害则适用《反垄断法》，反之亦然。

（二）电信行业法与《反垄断法》的协调

电信行业法与《反垄断法》都有促进和维持企业在电信市场竞争的目标，《反垄断法》的介入可以解决专门行业法的盲点和难点，专门行业法与反垄断法应为相互协作的互补关系。其一，专门行业法主要从市场准入、市场价格、互联互通、普遍服务等事前、事中方面来避免市场垄断的形成，维系市场的竞争秩序；反垄断法主要是针对企业垄断行为妨碍了市场竞争，给相关竞争者造成损失的事后弥补，最终实现良性的市场竞争秩序。其二，电信企业具有很强的技术性特征，需要专门的行业法律对电信企业的技术行为进行细化规制，因此专门行业法律属于特别的竞争规制。若要求反垄断法也具备电信业的专业知识，则面临较高信息成本，事实上也不可能。反垄断法规制主要针对的是市场垄断行为，它并不局限于某一行业，而是针对所有领域，所以被视为一般性竞争规制。作为一般性竞争规制的《反垄断法》，在电信业的规制中难免会出现不够细化的情况，需要行业法来弥补。因此，在电信业的法律规制问题上，一般性竞争规制由《反垄断法》进行规制，特殊竞争规制则由专门行业法进行规制。其三，《反垄断法》规定的经营者承诺制度能够节约电信监管部门的执法资源，降低执法成本效率价值是经营者承诺制度的最高价值追求。① 电信行业专门法律规制对于违法行为一般进行罚款等行政处罚，电信行业大多是市场的强势企业，仅靠罚款并不利于电信企业服务的提高和市场竞争秩序的发展。如 2011 年中国联通、中国移动的反垄断案，以两家企业作出整改，降低公众资费的承诺而结束。当然如果一个案件适用经营者承诺制度的执法成本比适用传统反垄断执法方式的执法成本更高，那么该案件则没有必要适用经营者承诺制度。②

由此可见，针对一般性规制的《反垄断法》我们不能贸然地适用于具有行业特殊性的电信企业中，“针对电信企业的歧视定价、交叉补贴、业务捆绑、滥用信息、锁定用户、瓶颈垄断、不公平区别对待竞争对手等滥用市场主体地位的行为需要谨慎适用反垄断法，将反垄断法中一般性规定进行细化，为电信企业经营提供法律保护，促进经济良性运行”。③

二、行业规制机构与反垄断规制机构相互关系架构

在促进竞争的规制变革趋势下，反垄断法规制机构应该怎样规制电信企业，它与电信行业规制机构的关系如何处理，如何协调配合，这都将制约电信企业的规制实效。在考虑两个机构之间的关系时，应明确两个机构的权力边界、协作方式和相互监督机制。

---

① 杨贤义：《经营者承诺制度的经济分析及其完善建议》，上海交通大学硕士论文，2011 年。

② 丁小婷：《反垄断法中经营者承诺制度研究》，云南财经大学硕士论文，2017 年。

③ 《〈反垄断法〉对中国各行业的影响综述》，载新浪网：http：//cww. net. cn/news/html/2007/8/30/2007830152732557-2htm，2008 年 8 月 26 日。

（一）分权共享

由反垄断规制机构和独立的电信规制机构分别进行反垄断规制和行业规制，既实现了规制机构的相对分立，又能避免规制机构的权力垄断。因为垄断不仅会导致生产的低效率，权力的供给也会导致产品供给的低效率，若将规制权力过分集中于某一机构，即使不存在因权力寻租而导致的腐败问题，也会因垄断形成市场竞争秩序在经济上的非理性供给，至少供给的数量、质量低于预期目标。① 因此，不应将不同规制权力集中于统一机构，以避免规制权限的专断。分权共享模式有两种形式：一种模式为反垄断规制机构执行反垄断法，独立的电信规制机构建议在未来成立的国家通信监管委员会执行《电信法》等电信行业法律法规；另一种模式为反垄断规制机构执行反垄断法，独立的电信规制机构（国家通信监管委员会）执行《反垄断法》和《电信法》等。后一种模式利弊兼有，好处在于针对电信企业间的合并收购方面，反垄断规制机构和电信业独立规制机构二者权力共享，可以根据不同的法定权限，从两种不同角度进行独立审查；弊端在于可能因两个机构同时对企业执行反垄断法而导致执行标准不一或可能的权力冲突问题，权力的重叠会产生法律执行不一致的风险，因而没有前一种科学。因此，独立的电信业规制机构同时执行反垄断法和《电信法》不符合电信业发展趋势。借鉴前一种分权共享模式，具体而言，独立的电信规制机构履行下列权限：实施市场准入规制，审核和发放许可证；价格规制、网间互联互通规制与普遍服务规制；企业间的协调，消费者投诉的处理。反垄断规制机构执行下列权限：对企业滥用市场优势地位的规制、经营者集中的审查、企业联合限制竞争的规制。

（二）协助合作

电信业的规制机构——国家通信监管委员会与反垄断规制机构都有促进和维持企业竞争的目标，应为相互协作的互补关系。其一，独立的电信规制机构通过对市场准入、价格、互联互通等方面的事前、事中规制来维护市场竞争秩序，防止垄断的形成；反垄断规制机构主要对垄断行为的惩戒，其目的是弥补垄断对市场造成的损害，是对保护市场竞争的事后规制。其二，独立的电信规制机构具有信息技术的专业人员，在对企业规制中能以较低的执行成本获得更

① ［法］让·雅克·拉丰、让·梯若尔：《政府采购与规制中的激励理论》，石磊、王永钦译，上海三联书店、上海人民出版社 2004 年版，第 568 页。

多的信息；而反垄断规制机构更具有维护市场竞争秩序的专业知识，从市场竞争的角度出发，对市场中所有企业的竞争行为予以规制。其三，独立的电信规制机构所拥有的是关于电信行业的技术知识，缺乏的是对垄断规制的执行能力，而反垄断规制机构虽然对垄断执法具有专业性，但其针对电信行业的技术知识又欠缺，因此二者相互协作能弥补各自缺陷。波斯纳认为："更为复杂的是，很难找到一个中立专家就新经济中的技术问题为律师、法官以及执法机构提出建议。适格的专家没有许多，而且他们几乎全部是反托拉斯诉讼所牵涉到的、或者可能影响到的企业的雇员，或者跟它们有其他经济联系。"① 由此，必须发挥电信规制机构与反垄断规制机构各自优势，推动二者的合作与协助。主要包括以下内容：

第一，共同决定机制。针对特定事项，反垄断规制机构和电信规制机构共同作出决定，以确保措施的合理性。例如《德国电信法》第 82 条规定，排除特定电信事业参与发放执照程序，划定相关商品及地理市场，认定支配市场地位时，两个机关应共同作出决定。

第二，意见征询机制。由于独立的电信规制机构和反垄断规制机构各自具有的知识结构的欠缺，因此，在反垄断规制对企业的市场支配地位、联合、并购等行为作出处理时，应向三网融合规制机构予以咨询，同样，三网融合规制机构在作出行业规制时涉及市场垄断的相关问题，也应向反垄断机构咨询后再做评估决定。

第三，信息交换机制。独立的电信规制机构和反垄断规制机构应定期相互通报相关企业的经营状况、企业间的相互联合。这种信息交换机制有利于规制机构更好地掌握企业的信息，能做到充分的事前预防准备，不仅降低了规制机构的执法成本，更有利于整个社会福利的提高。

第四，专业咨询机制。针对特定行业的专业知识，反垄断规制机构有权向电信规制机构提出咨询，电信规制机构有义务解释和答复。

（三）相互制衡

规制权利也会异化、滥用，导致规避法律制度初衷的规制失灵问题产生。即使当事各方不存在任何私心，也会因信息不对称、专业知识缺乏等原因作出错误决定。因此，反垄断规制机构与电信规制机构在规制电信企业时，虽存在

① ［美］理查德·A. 波斯纳：《反托拉斯法》，孙秋宁译，中国政法大学出版社 2003 年版，第 326 页。

相互合作协助的一面，但也存在相互制衡的一面。① 通过确立对规制机构的相互制衡机制，在一定程度上解决“谁来管制管制者”的问题，以尽量避免不当措施对事关国民经济命脉的企业产生不良影响。由于电信规制机构与企业关系紧密，且通常承担促进产业发展之职责，与企业构成政企同盟，相互勾结进行行政垄断的可能性仍然存在。因此，应授权反垄断规制机构依照反垄断法之规定，对三网融合规制机构的行政垄断行为进行处理。针对电信业规制的特殊性，还应当允许反垄断规制机构与电信规制机构针对对方特定重大措施提出异议。如反垄断规制机构的处理措施，已经或可能导致市场内过度竞争，电信规制机构可提出异议，要求反垄断规制机构再议处理措施；而电信规制机构的有关规制措施，已经或可能导致市场内竞争的消失或导致促进竞争的努力失败时，反垄断规制机构也可以提出异议，请求对方再议。若二者都仍然维持处理措施，可由其共同上级机关处理。

① 曹阳：《网络型公用企业竞争的法律规制》，法律出版社2007年版，第218页。

参 考 文 献

一、中文类

[1] [美] 丹尼尔·F. 史普博：《管制与市场》，余晖等译，上海三联书店 1999 年版。

[2] [美] 马克·波斯特：《信息方式——后结构主义与社会语境》，范静晔译，商务印书馆 2001 年版。

[3] [美] 保罗·利文森：《软边缘——信息革命的历史与未来》，清华大学出版社 2002 年版。

[4] [美] 约瑟夫·布罗克：《电信大趋势》，陈凯译，人民邮电出版社 2002 年版。

[5] [美] Cary Lu：《带宽的竞争：全面理解数据传输》，博彦译，清华大学出版社 1999 年版。

[6] [美] 伯纳德·施瓦茨：《美国法律史》，王军等译，法律出版社 2007 年版。

[7] [美] 尼尔·J. 斯梅尔塞：《社会科学的比较方法》，王宏周、张平平译，社会科学文献出版社 1992 年版。

[8] [美] 乔治·吉尔德：《通信革命——无限宽带如何改变我们的世界》，姚毅译，上海译文出版社 2003 年版。

[9] [美] 鲍德威、威迪逊：《公共部门经济学》，邓力平等译，中国人民大学出版社 2002 年版。

[10] [美]保罗·杰罗斯基、理查德·J. 吉尔伯特、亚历克西斯·杰克明：《进入壁垒和策略性竞争》，崔小刚译，北京大学出版社 2004 年版。

[11] [美] E. 博登海默：《法理学：法律哲学与法律方法》，邓正来译，中国政法大学出版社 1998 年版。

[12] [美] 丹尼斯·卡尔顿·佩罗夫：《现代产业组织》，黄亚钧等译，上海三联书店、上海人民出版社 1988 年版。

[13] [美] 理查德·A. 波斯纳:《反托拉斯法》,孙秋宁译,中国政法大学出版社 2003 年版。
[14] [美] 小艾尔弗雷德·D. 钱德勒:《企业规模经济与范围经济——工业资本主义的原动力》,张逸等译,中国社会科学出版社 1999 年版。
[15] [美] 阿尔文·托夫勒:《第三次浪潮》,朱志焱等译,世界知识出版社 2002 年版。
[16] [英] Paul France 编著:《本地接入网技术》,张秀山、徐红贤等译,电子工业出版社 2005 年版。
[17] [美] 约瑟夫·斯蒂格利茨:《促进规制与竞争政策:以网络产业为例》,载《数量经济技术研究》1999 年第 10 期。
[18] [英] 弗里德里希·冯·哈耶克:《自由秩序原理》,邓正来译,三联书店 1997 年版。
[19] [英] 凯罗尔·哈洛、理查德·罗斯林:《法律与行政》,杨伟东、李凌波、石红心、晏坤译,商务印书馆 2004 年版。
[20] [英] 戴维·冈特利特:《网络研究——数字化时代媒介研究的重新定向》,彭兰译,新华出版社 2004 年版。
[21] [英] 亚当·斯密:《国民财富的性质和原因研究》(上卷),郭大力、王亚南译,商务印书馆 1997 年版。
[22] [英] 安德斯·汉森:《大众传播研究方法》,崔保国、金嫌斌、童菲译,新华出版社 2004 年版。
[23] [英] F. A. 冯·哈耶克:《个人主义与经济秩序》,邓正来译,三联书店 2003 年版。
[24] [日] 植草益:《微观规制经济学》,朱绍文等译,中国发展出版社 1992 年版。
[25] [法] 让·雅克·拉丰,让·梯若尔:《政府采购与规制中的激励理论》,石磊、王永钦译,上海三联书店、上海人民出版社 2004 年版。
[26] [法] 让·雅克·拉丰,让·泰勒尔:《电信竞争》,胡汉辉等译,人民邮电出版社 2001 年版。
[27] [加] 因特温:《电信规制手册》,管云翔译,北京邮电大学出版社 2001 年版。
[28] [加] 考林·霍斯金斯:《全球电视和电影:产业经济学导论》,刘丰海、张慧宇译,新华出版社 2004 年版。
[29] [德] 柯武刚、史漫飞:《制度经济学》,韩朝华译,商务印书馆 2002

年版。
[30] [德] 路德维希·艾哈德:《来自竞争的繁荣》,祝世康、祝家骥译,商务印书馆 1983 年版。
[31] [德] 哈贝马斯:《公共领域的结构转型》,曹卫东等译,学林出版社 1999 年版。
[32] 苏力:《制度是如何形成的》,中山大学出版社 1999 年版。
[33] 杨紫烜:《经济法研究》(第三卷),北京大学出版社 2003 年版。
[34] 张守文:《经济法理论的重构》,北京教育出版社 2004 年版。
[35] 郑明高:《产业融合:产业经济发展的新趋势》,中国经济出版社 2011 年版。
[36] 王湘军:《电信业政府监管研究——行政法视角》,知识产权出版社 2009 年版。
[37] 李美云:《服务业的产业融合与发展》,经济科学出版社 2007 年版。
[38] 厉无畏、王振:《中国产业发展前沿问题》,上海人民出版社 2003 年版。
[39] 马健:《产业融合论》,南京大学出版社 2006 年版。
[40] 刘颖悟:《三网融合与政府规制》,中国经济出版社 2005 年版。
[41] 何霞:《网络时代的电信监管》,人民邮电出版社 2010 年版。
[42] 陶长琪:《基于融合的信息产业自主创新与产业成长的协同机制》,中国人民大学出版社 2010 年版。
[43] 周振华:《信息化与产业融合》,上海人民出版社 2003 年版。
[44] 于刃刚、李玉华:《产业融合论》,人民出版社 2006 年版。
[45] 余晖:《谁来管制管制者》,广东经济出版社 2004 年版。
[46] 陈富良:《放松规制与强化规制——论转型经济中的政府规制改革》,上海三联书店 2001 年版。
[47] 刘大洪:《经济法视野中的法经济学研究》,中国法制出版社 2008 年版。
[48] 刘大洪主编:《经济法学》,中国法制出版社 2007 年版。
[49] 陈富良、万卫红:《企业行为与政府规制》,经济管理出版社 2001 年版。
[50] 张守文、于雷:《市场经济与新经济法》,北京大学出版社 1993 年版。
[51] 张红凤:《西方规制经济学的变迁》,经济科学出版社 2005 年版。
[52] 张德霖:《竞争与反不正当竞争——反不正当竞争法理论实践与国外法律规范》,人民日报出版社 1994 年版。
[53] 张千帆:《宪法、政治与经济发展》,北京大学出版社 2004 年版。
[54] 卫志明:《政府干预的理论与政策选择》,北京大学出版社 2006 年版。

［55］李昌麒：《经济法学》，中国政法大学出版社 2002 年版。
［56］王春晖：《电信竞争的法律规制》，北京邮电大学出版社 2008 年版。
［57］任军生：《中国公用产品价格管制》，经济管理出版社 2002 年版。
［58］王俊豪：《自然垄断产业的政府管制理论》，浙江大学出版社 2000 年版。
［59］曹阳：《网络型公用企业竞争的法律规制》，法律出版社 2007 年版。
［60］王延惠：《微观规制理论研究——基于对整体理论的批评和将市场作为一个过程的理解》，中国社会科学出版社 2005 年版。
［61］刘小兵：《政府管制的经济分析》，上海财经大学出版社 2004 年版。
［62］于立、姜海春：《规制经济学的学科定位与理论应用》，东北财经大学出版社 2005 年版。
［63］王俊豪：《中国自然垄断经营产品管制价格形成机制研究》，中国经济出版社 2002 年版。
［64］卢代富：《企业社会责任的经济学与法学分析》，法律出版社 2002 年版。
［65］王晓晔：《竞争法研究》，中国法制出版社 1999 年版。
［66］王晓晔：《反垄断法》，法律出版社 2015 年版。
［67］刘戒骄：《垄断产业改革——基于网络视角的分析》，经济管理出版社 2005 年版。
［68］郑宝奇编著：《从垄断到竞争——电信行业规制理论与实证研究》，人民邮电出版社 2005 年版。
［69］白永忠：《电信业热点法律问题透析》，法律出版社 2003 年版。
［70］唐守廉：《电信管制》，北京邮电大学出版社 2001 年版。
［71］黄海波：《电信管制：从监督垄断到鼓励竞争》，经济科学出版社 2002 年版。
［72］朱家贤：《反垄断立法与政府管制》，知识产权出版社 2007 年版。
［73］阮方民：《欧盟竞争法》，中国政法大学出版社 1998 年版。
［74］高菲：《论美国反托拉斯法及其域外适用》，中山大学出版社 1993 年版。
［75］孙晋：《反垄断法——制度与原理》，武汉大学出版社 2010 年版。
［76］季晓男：《中国反垄断法研究》，人民法院出版社 2001 年版。
［77］于良春：《自然垄断与政府规制——基本理论与政策分析》，经济科学出版社 2003 年版。
［78］毕颖：《网络型基础产业法律管制研究——以网络为中心展开的分析》，北京交通大学出版社 2010 年版。
［79］孔祥俊：《反垄断法原理》，中国法制出版社 2001 年版。

[80] 王郁琦:《资讯、电信与法律》, 北京大学出版社 2006 年版。
[81] 王红梅:《电信全球竞争》, 人民邮电出版社 2000 年版。
[82] 夏大慰、史东辉等:《政府规制: 理论、经验与中国的改革》, 经济科学出版社 2001 年版。
[83] 欧阳武:《美国的电信管制及其发展》, 中国友谊出版公司 2000 年版。
[84] 任俊生:《中国公用产品价格管制》, 经济管理出版社 2002 年版。
[85] 马英娟:《政府监管机构研究》, 北京大学出版社 2007 年版。
[86] 蒋岩波:《网络产业的反垄断政策研究》, 中国社会科学出版社 2008 年版。
[87] 曾剑秋、樊海岚、张静:《三网融合产业链分析》, 载《电信技术》2010 年第 10 期。
[88] 周振华:《产业融合: 经济发展及经济增长的新动力》, 载《中国工业经济》2003 年第 4 期。
[89] 李羽思:《走向网络中立: 我国互联网市场监管的可行之路》, 载《甘肃政法学院学报》2017 年第 3 期。
[90] 盛杰民、袁祝杰:《动态竞争观与我国竞争立法的路向》, 载《中国法学》2002 年第 2 期。
[91] 杨嘉雯:《简介电信自由化后符合公平合理原则之接续费计算基准》, 载《经济法论丛》2001 年第 28 期。
[92] 江耀国、周韵采:《有线电视与电信产业汇流之法律问题研究》, 载《政大法学评论》2008 年第 70 期。
[93] 王文宇:《公用事业管制与竞争理念之变革》, 载《台大法学论丛》第 29 卷第 4 期。
[94] 刘晓霞、曾剑秋:《试析究州国家电信市场准入的管制及其开放问题》, 载《北京邮电大学学报》2000 年第 2 期。
[95] 刘崇坚:《市内电话用户贿赂开放问题分析》, 载《经济法制论丛》2005 年第 35 期。
[96] 张炳生:《试论我国反垄断执法机构的设置——对现行设计方案的质疑》, 载《法律科学》2005 年第 2 期。
[97] 李剑:《试论我国反垄断法执行机构建立的可行性》, 载《现代法学》2004 年第 1 期。
[98] 王磊:《电信网络接入定价理论与政策研究》, 载《价格理论与实践》2018 年第 2 期。

[99] 张铭洪：《网络经济下的反垄断与政府规制》，载《管理世界》2002 年第 6 期。

[100] 肖叶飞：《西方国家三网融合的产业政策与规制措施》，载《中国有线电视》2012 年第 3 期。

[101] 李昌麒：《论市场经济、政府干预和竞价之间的内在联系》，载杨紫烜主编：《经济法研究》（第 1 卷），北京大学出版社 2002 年版。

[102] 彭心仪：《由资讯通信法制之发展趋势论数位落差之消弭》，载《经济法论丛》2002 年第 29 期。

[103] 章志远：《价格听证困境的解决之道》，载《法商研究》2005 年第 2 期。

[104] 孙晋、周航：《5G“网络共建共享”的反垄断法分析》，载《学习时报》2019 年 10 月 2 日，第 3 版。

[105] 刘华军：《网络型公用事业的规制改革与民营化：市场结构与产权结构的互动》，载《山东经济》2004 年第 5 期。

[106] 岳宇君、葛伟：《三网融合的制约较优策略与关联政策演进》，载《南京大学学报（社会科学版）》2015 年第 4 期。

[107] 侯利阳：《市场与政府关系的法学解构》，载《中国法学》2019 年第 1 期。

[108] 张守文：《政府与市场关系的法律调整》，载《中国法学》2014 年第 5 期。

[109] 叶卫平：《产业重组与反垄断法实施》，载《法治社会》2017 年第 6 期。

[110] 刘大洪、段宏磊：《谦抑性视野中经济法理论体系的重构》，载《法商研究》2014 年第 6 期。

[111] 何源：《垄断与自由间的公用事业法制革新以电信业为例》，载《中外法学》2016 年第 4 期。

[112] 李林：《产业融合：信息化与工业化融合的基础及其实践》，载《上海经济研究》2008 年第 6 期。

[113] 李红祥：《美国有线电视与电信业跨业经营法制变革》，载《视听》2019 年第 12 期。

[114] 陈艳利：《中国有线电视产业改革：竞争与规制》，载《辽宁大学学报（哲学社会科学版）》2003 年第 2 期。

[115] 王晓晔：《规范公用企业的市场行为需要反垄断法》，载《法学研究》

1997 年第 5 期。
[116] 彭云飞、马超群：《中国电信资费管制问题与方法研究》，载《北京邮电大学学报》2006 年第 4 期。
[117] 陈柳钦：《产业融合的发展动因、演进方式及其效应分析》，载《西华大学学报（哲学社会科学版）》2007 年第 8 期。
[118] 杜宏伟：《全球电信监管新趋势》，载《通信管理与技术》2008 年第 2 期。
[119] 常欣：《中国垄断性行业改革的三线推进战略》，载《新华文摘》2004 年第 11 期。
[120] 陈亮：《红头文件造垄断怪胎　反垄断法先拿电信开刀》，载《中国经营报》2004 年 10 月 23 日。
[121] 黄建华、张春燕：《三网产业融合与产业价值链效应分析》，载《商场现代化》2009 年第 2 期。
[122] 郁明华、陈抗：《国外产业融合理论研究的新进展》，载《现代管理科学》2006 年第 2 期。

二、外文类

[1] Baumol, W. J. and Sidak, J. G., Toward Competition in Local Telephone, MIT Press, 1994.
[2] Russell Hardin, Collective Action, The Johns Hopkins University Press, 1982.
[3] William W. Sharkey, The Theory of Natural Monopoly, Cambridge University Press, 1982.
[4] Christian Koenig, Andreas Bartosch and Jens-Daniel Brawn, EC Competition and Telecommunication Law, Kluwer Law International, 2002.
[5] Andrew I. Gavil, William E. Kovoacic and Jonathan B. Baker, Antitrust Law in Prespective: Cases, Concept and Problem in Competition Policy, Cambridge University Press, 2002.
[6] ITU, The State of Broadband 2012: Achieving Digital Inclusion for all, The Broadband Commission, 2012.
[7] Kotler Philip, Kevin Lane Keller, Marketing Management, Prentice Hall, 2006.
[8] Paulina Beato, Jean-Jacques Laffont, Competition Policy in Regulated

Industries: Approaches for Emerging Economies, The Johs Hopkins University Press, 2002.

[9] Armstrong, Mark, S. Cowan and John Vickers, Regulatory Reform—Economic Analysis and British Experience, Cambridge: MIT Press, 1994.

[10] Baumol. W. J. and Sidak. J. G. , Toward Competition in Local Telephone, Cambridge, MIT Press, 1994.

[11] Berg . S. V. and J. Tschirhart, Natural Monopoly Regulation, Cambridge University Press, 1998.

[12] Brock Gerald, The Telecommunications Industry: The Dynamics of Market Structure, Harvard University Press, 1981.

[13] Inchishi T. , The Cooperative Nature of the Firm, Cambridge University Press, 1993.

[14] J. C. Bonbright, Principle of Public Utilit Rate, Columbia University Press, 1966.

[15] Laffont J. and Tirole J. , Competition in Telecommunications, MIT Press, 2000.

[16] Collins R. and Murroni C. , New Media New Policy, Policy Press, 1996.

[17] Crandall Robert, After the Breakup: US Telecommunications in a More Competitive Era, The Brookings Insitiute, 1991.

[18] Sharkey W. , The Theory of Natural Monopoly, Cambridge Press, 1982.

[19] Tirole Jean, The Theory of Industrial Organization, MIT Press, 1998.

[20] Mueller M. , Telecom Policy and Digital Convergence, City University of Hongkong Press, 1997.

[21] Levy, Brian and Pablo T. Spiller, Regulations Institiutions and Commitment: Comparative Studies of Telecommunications, Cambridge University Press, 1996.

[22] Marsden C. and Verhulst S. , Convergence in European Digital Television Regulation, Blackstone Press Ltd. , 1999.

[23] Mitchell Bridger M. and Ingo Vogelsang, Telecommunications Pricing: Theory and Practice, Cambridge University Press, 1991.

[24] Joneself A, Sufri B. EC Competition Law, Text, Case and Materials, Oxford University Press, 2001.

[25] Thomas F. Baldwin, etc. , Convergence: Intergrating Media Information and

Communication, Sage Publishing Inc., 1996.

[26] Housel T. J. H., Global Telecommunications Revolution: Business Perspective, The McGraw-Hill Companies, Inc. 2001.

[27] Stigler G J. The Economic Effects of the Antitrust Law, Journal of Law and Economics, 1995.

[28] Fenwick T, Edwards R, Introduction: Reclaiming and Renewing Actor Network Theory for Education Research, Educational Philosophy and Theory, 2010 (6).

[29] Allen D., New Telecommunication Service: Network Externalities and Critical Mass, Journal of Telecommunications Policy, June 1998.

[30] Armstrong M., Network Interconnection in Telecommunications, The Economic Journal, 1998.

[31] Clements B., The Impact of Convergence on Regulatory Policy, Journal of Telecommunications Policy, March 1998.

[32] Tom Nolle, Metro: Net Working in the Content Age, Business Communications Review, June 2006.

[33] David Flacher, Hugues Jennequin: Is Telecommunications Regulation Efficient: An Interna Tional Perspective, Journal of Telecommunications Policy, May 2008.

[34] Cabral, Luis, On the Adoption of Innovations with "Network" Externalities, Mathematical Social Sciences, 1990 (19).

[35] Gerber D J, Law and Competition in Twentieth Century Europe: Protecting Prometheus, Oxford University Press, 1998.

[36] Armstrong, Mark, David E. M. Sappington, Regulation, Competition and Liberalization, Journal of Economic Literature, 2006.

后　　记

本书是在我的博士毕业论文基础上修改完善而成的，在我撰写博士论文时，中国电信刚刚进入4G网络时代，彼时我对电信业的认识还比较粗浅。转瞬我博士毕业多年，中国的电信业迅猛发展，不仅仅是4G跨入5G，更是电信技术的进步带动各产业间的融合，改变了各行各业的运营模式，缩短了人与人之间的距离。面对电信业引发的社会变革，再次激发了我对电信业法律规制的研究。回看我的博士毕业论文，有许多不足和滞后性，于是，我开始着手将我的博士论文进行拓展研究，完成了本书。

回顾从读博到参加工作，首先，我要以最诚挚地感谢我的博士生导师刘大洪教授。我对经济法的热情源于一次有幸聆听刘老师的授课，其后便追随刘老师学习，开始投入到经济法领域的研究。在读博期间和毕业以后，尽管刘老师肩负着繁忙的行政和教学工作，但他对我的博士论文和本书给予了很多指导，我不仅学到了前沿的理论知识，更是让我的思维方式得到了开拓，学术水平获得了很大的提高，从一个学术小白蜕变为走上三尺讲台的老师。每每想起这些，都令我无比地感动和感激。

其次，我要感谢在我读博期间的师兄师姐，在与你们探讨论文过程中给予了我许多帮助。感谢我的师弟师妹们，在撰写本书过程中与你们交流得到了许多收获。感谢我亲密的好友们，尽管无法与你们探究我的专业知识，但每当写作中遇到瓶颈，向你们抱怨唠叨时，你们都会鼓励我坚持完成本书。

再次，我要感谢一些我叫不出名字的志愿者们。本书的写作期间恰逢寒假，武汉出现了重大疫情，我被困在家中。初期有些恐慌、有些迷茫，不知所措。但很快有志愿者与我联系，关切我的生活所需，各种上门服务，让我有了安逸的环境能专心完成本书。本书完成适值4月4日全国公祭，谨以本书表达我对英雄们深深的敬意。

最后，我要特别感谢我年迈的母亲，无怨无悔地默默支持着我。为了让我顺利完成本书，她搬来与我同住，改变自己的作息习惯，陪着我昼伏夜作。我在书房写书，她在厨房研究美食。尽管偶尔也会出现黑暗料理，她会懊恼地总结失败经验，直到下次的成功。感受着她的执着精神，对她的敬佩油然而生。在母亲的不懈努力下，我的体重创造了历史新高，但她让我见证了“梦想总是要有的，万一哪天实现了呢”的奇迹。在此，我惟有以此拙著向您表示无尽的感激！

未来以来，日生不殆！

苏丽芳

2020 年 4 月于武汉